FOR2

FOR pleasure　FOR life

FOR2：065

因為教你，我認出我：

POWER 教師潘如玲三十二年教與學誠實心法

作　　者：潘如玲
責任編輯：李清瑞
封面設計：簡廷昇
內頁排版：宸遠彩藝
出　　版：英屬蓋曼群島商網路與書股份有限公司臺灣分公司
發　　行：大塊文化出版股份有限公司
105022 台北市松山區南京東路四段 25 號 11 樓
www.locuspublishing.com
locus@locuspublishing.com
讀者服務專線：0800-006-689
電話：02-87123898
傳真：02-87123897
郵政劃撥帳號：18955675
戶名：大塊文化出版股份有限公司
法律顧問：董安丹律師、顧慕堯律師

總 經 銷：大和書報圖書股份有限公司
新北市新莊區五工五路 2 號
電 話：02-89902588
傳真：02-22901658

初版一刷：2023 年 10 月
定　　價：400 元
I S B N：978-626-7063-43-9

國家圖書館出版品預行編目 (CIP) 資料

因為教你，我認出我：POWER 教師潘如玲三十二年教與學誠實心法 / 潘如玲著 . -- 初版 . -- 臺北市：英屬蓋曼群島商網路與書股份有限公司臺灣分公司出版：大塊文化出版股份有限公司發行，2023.10
344 面；14.8×20 公分 . -- (For2 ; 65)
ISBN 978-626-7063-43-9(平裝)

1. 教育　2. 文集

520.7　　112013426

因為教你

POWER 教師潘如玲三十二年教與學誠實心法

我認出我

潘如玲　著

謝謝老師

謝謝生生世世以來引領我們的師者

推薦序
教育現場——台灣教改三十年回望和覺察

小野（TMS創校校長、紙風車文教基金會董事長、作家）

1 教改大遊行

受到黃武雄老師的邀請，我參加了歷史性的台灣教育改革大遊行，並且站上肥皂箱開始演講，那是距離現在快要三十年的一九九四年，也是大家公認的台灣教育改革的起點。演講的內容大概就是控訴當時在台灣戒嚴時代流行的打罵式教育和填鴨式教育，我越說越激動，最後我吶喊著：「我們的孩子是人，不是青蛙，也不是狗，不要隨便打我們的孩子。」主持人笑嘻嘻的滅一下我的火氣說：「青蛙和狗也不能隨便打呀！」

記得主持人介紹我上場時說：「師大畢業的老師通常不會站在教改這個陣營的，因為他們是鞏固這個體制最重要的角色。現在站在台上的是極少數願意支持教育改革的師大畢業的人。」台下掌聲響起，我像是一個叛徒。

是的，我是師大畢業生中極少數沒有以「老師」為終身職業的，而且主修生物的我也完全沒有用這個專業工作。但是最諷刺的是，當大學同班同學們完成這一輩子為人師表紛紛退休之後，我反而在一個極偶然的機緣下成為全台灣第一所體制外高中階段影視音實驗教育機構的校長。在極度缺乏資源的情況下，靠著要實現台灣另類教育可能性的使命驅使下，我咬著牙用當志工的心情陪著這個危機四伏的機構走到第八年。我常常自我解嘲說：「就算是我償還欠師大的服務年資吧。」

在這不算短的時間裡，我有全新的領悟：體制內教育和體制外教育並不是二元對立的，更沒有高下之分，關鍵在於老師的能力、性格、生命經驗和反省能力，其中又以反省能力最重要。同樣的課程有完全不同的學習方式，師生用生命來互相影響，更是最重要的學習過程。

2 師大畢業的

認識潘如玲老師是在一次全國性的文學創作大賽，她是當時的散文類首獎得主，我是評審委員之一。印象中在頒獎典禮上她很親切的叫我「學長、學長」，離開師大很久、感覺和師大很遙遠陌生的我，其實很不習慣別人這樣稱呼我。她自我介紹是師大國文系畢業的，在一所公立高中任教。我對師大國文系有特殊的好感，因為真正培養我成為一個創作者的朱永成老師，當年正是剛從師大國文系畢業的實習老師，她上台時緊張到聲音和手都發抖，還被我們取笑。她是唯一沒有放棄我的老師，直到我上了高中、大學，她還保持和我通信，不斷鼓勵我說我是她教過的學生中最有可能成為作家的孩子。所以我也一直記得朱永成老師的「學妹」潘如玲，一個真正能寫作的國文老師。

後來才知道在這之前她曾經和一群同班同學，在畢業後六年合寫過一本書《班級創意經營》，描述她們在各自的教育現場進行的教學實驗。當時她代表大家打電話給我詢問可否替這本書寫序，她說她們是一群「師大國文系」的同班同學。我聽到「師大國文系」立即想到那位對我最好的朱老師，心裡其實已經答應了，算是一種報答吧，但是正在參加教育改革的我，卻故意帶著挑釁意味問她說：「聽說現在的年輕老師都很混呢。」她的回答很有自信，說她們都是覺得教書有樂趣並且懷抱理想的老師，甚至想要建立一個足以和師大抗衡的師資培育機構。言下之意她們正在進行的是體制內的教育改革，我對她們的態度感到十分好奇，懷疑和敬佩都有。

3 監獄和軍隊

在體制內要進行教育改革要比體制外困難千萬倍，體制內教育的結構形成非一朝一夕，社會的功利價值、學生人數暴增所形成的升學激烈競爭、家長們的期待和助長，甚至盤根錯節的利益關係等共犯結構。那些年我常常有機會接觸一些中學的教育現場，有時候覺得像是擁擠不堪的監獄，也像是枯燥乏味整齊劃一的軍營。在如此肅殺又喧囂的封閉環境中，老師能夠撼動的是什麼？充其量只是拿著電擊棒的獄卒或是吹著哨子吼來吼去的軍中班長。

我承認當時決定離開教育現場，是已經預見到自己的無能為力。當時有很多父母親帶著孩子移民國外的理由就是逃離台灣這個水深火熱的教育現場，其中很有名的一本書《出走紐西蘭》的作者尹萍便是其中之一。想想真是令人痛心和憤怒。懷著這樣的心情，我替那本書寫了很長的序，也把潘如玲和她的夥伴們列為自己的同路人，一起走在教育改革的路上，不分體制內或是體制外。

我們要面對的是絕大部分無法逃離教育現場，甚至成為共犯的人，包括自己，這才是生命中最艱難的課題。

4 馴獸師的眼淚

對於剛剛進入校園屬於野百合世代的潘如玲老師，學校已經不像戒嚴時代的監獄或是軍隊，她形容校園是一個動物園，她是被分到三種鞭子的馴獸師，這些鞭子有些特殊設計，那就是打人不留痕跡也告不起來，這不是和刑求差不多？

最近遇到一個曾經擁有數千名學生的補習班老闆，他很得意的告訴我說他曾特別去日本採購一種非常有彈性也不會留下痕跡的教鞭，打下去可以立即彈許多下。他知道我這些年為了替「台北市影視音實驗教育機構」招募學生，跑遍各種過去不曾去過的場合，包括台北市家長會和各種教師團體，只為了區區幾十個人，表示非常同情。幾十個人怎麼和數千人相比？不過他的下一句話卻是：「也許因為我打了太多人，也算是造孽吧，我現在失業了。」如果不是最後這句話，我真的很想揍他一拳。

並不是每個老師都是這樣子的，可以笑談過去在教育現場打學生的輝煌事蹟而毫無悔意。在教育現場實際磨鍊後的潘如玲老師，畢業後第一次回到台北，經過位於和平東路的母校師範大學時，忽然百感交集而痛哭起來，她哭的原因是在學校所學和真正的教育現場差太多了。她曾經多麼以師範大學畢業為榮。

馴獸師哭了，因為她本來以為只要付出真心誠意，就可以專心做一個很好的老師，而不是靠著鞭子來馴服動物的馴獸師。透過不斷的反省、覺察和發現，退休之後的她寫下了這本書《因為教你，我認出我》，描述一個在台灣三十年教改各種政策下載浮載沉的體制內老師的心聲。

5 每個孩子都不應該被放棄

教改到底是成功或失敗？教改是否真的撼動了整個教育體制？台灣社會有沒有因為從基本的教育改革而使得社會更好，甚至成為一個理想的公民社會？解除師範大學為首的師範體系作為台灣唯一的老師培育中心之後，老師的素質是否普遍提高？少子化這個趨勢是否有被列入在當年教改政策的考量？流浪教師人滿為患，大學一家又一家的關閉，這些結果是否和當年的教改有直接關聯？

上個世紀九〇年代初當教改運動開始的那一刻，二十三歲的潘如玲狂熱的追隨著這個革命性的夢想，在體制內進行著一個人的教改，一晃就是三十年。每隔十年她都有新的發現和覺醒。

其中一個重大發現就是她寫的那本書《認出光速小孩》，她在這本書中提到一個觀念，是千禧年（西元二〇〇〇年）後出生的小孩學習和認知的方式受到網路科技影響，已經完全不同於過去的學生了。他們看起來注意力不大集中也沒有耐性，但其實他們正在用他們極敏銳的感官接收來自四周的訊息，如果再用傳統那套教材教法，他們會趴在桌上呼呼大睡的。我曾經把這本書發給我擔任校長的「台北市影視音實驗教育機構」的老師們當參考書籍，因為我們的學生就是書中提到的「光速小孩」。

為了迎接一批又一批這些「光怪陸離」的青少年來到我們這個不是學校的學校，我們在招募老師時不看學歷甚至有沒有教師證，只看這個人的專業、熱忱和人格特質。所以每當有參訪者來到我們的機構，幾乎無法分辨誰是老師、誰是學生。我常常看到的畫面是學生替坐在地板上的老師紮頭髮，像是她的姊姊一樣。或是在有陽光下的青草地上起舞，在球場上賽球，分不出彼此，我指的不是年紀，而是心靈狀態。當老師拿掉了過去習以為常的純粹教導者的角色後，自己也會在這種教育現場不斷的成長，不斷的察覺過去不曾了解過的自己。潘如玲老師的這本新書《因為教你，我認出我》想要表達的正是這樣的覺悟，正是所謂的「不誠無物」、「反璞歸真」吧！在這本書中她描述了許多孩子的行為，例如拒絕學習上課睡覺的、習慣撒謊偷雞摸狗的、不信任甚至討厭老師的、態度頑劣傲慢的、積習難改品德不良的學生，她用一種更深入理解的方式和他們相處，有了全新的發現和領悟，也促使自己成為一個更好更完整的人。

在前面那段文字中，我刻意用了那些傳統老師們的思維和輕易貼上標籤的形容詞來描述孩子，其實是一種提醒。就像有些老師輕易判斷一些比較不專心思想天馬行空的孩子是「過動症」、內向害羞專注於同一件事的孩子有「自閉症」一樣。如果能夠拿掉這些先入為主的偏見和成見，看到孩子的另外一個面向和可能性，老師才可能繼續在教育現場使自己更加成熟、茁壯，否則我們很快就會使自己的身心枯萎。

「一個孩子都不要放棄，救一個算一個，不知不覺就幫助了很多孩子。」這是潘如玲在書中提到的結論。我這些年常常為畢業的孩子們寫推薦信，不管是國內外的升學或是就業。我每一封信都寫成是獨一無二的散文，如果在寫信中發現這些孩子在過往的成長歷程中曾經被霸凌、被否定，或是父母親耐心陪伴他們度過很長、很辛苦的難關時心生不忍，會先躲在浴室內哭一下，出來再繼續寫。「哭很好，表示自己還擁有一個柔軟良善的心，不是嗎？」潘如玲曾經這樣寫著。孩子們看到我的推薦信後的反應通常是：「我有那麼好嗎？」我的回答是：「你本來就是這樣子的，連你自己都忘記了。」

我很想要當一個非常好的教育工作者，也一直以作為師大的畢業生為榮。我常常去師大的操場散步，踩在有彈性的跑道上，忍不住就跑了起來。原來自己從來沒有離開過師大。

推薦序

每一段故事都有它存在的意義

陳勇延（國立中興大學附屬高級中學校長）

如玲老師是我在文華高中服務時的同事，即使我已離開文華十三年，仍保持聯繫。我們不是那種常常聚會的朋友，但彼此會相互關心。大約一年前吧，她告訴我正在寫一本新書，希望我幫她寫序。我笑說：「您這位國文系的學姊（我和如玲都是師大畢業，她大我一級），文筆好，我何德何能為您寫序呢？」

當時我還不知道她新書想寫什麼。就是一種信任吧。我心想，她要我寫序，一定有她的道理，我沒再多問就一口答應。直到出版社寄來書稿，我才發現我被寫進書裡，好奇特的感覺喔！以電視劇人物的出場序來說，還算排在滿前面的，而且不是那種一出來就陣亡的臨時演員喔，還是影響她後來發展不小的角色耶。

原來當年我推薦他們看的一本書——郝明義先生寫的《越讀者》，對她產生了某些化學變化，這是我始料未及的事。當時我是總務主任，身兼學校教育基金會的執行長，手邊有些經費可以協助教學發展特色。高中老師的自主性不小，愈刻意想推動任何特色發展，反而適得其反。加上我當時不在教務處，因此就是敲敲邊鼓，純粹只是想分享好書，完全沒想過後面的發展。哪知道這群國文科姊妹們，就自顧自地玩起來，還把郝先生請到學校演講，完全沒思考到郝先生行動不便，而當時校內的禮堂沒有電梯，這可真難倒我了。心想，頭都洗到這裡了，這齣戲不跟著唱下去好像說不過去，於是我硬著頭皮去拜託總務處的工友大哥們，讓郝先生坐在輪椅上，像抬鑾轎一樣，從一樓一路沿著階梯抬到三樓，我是亦步亦趨護駕在旁。整場演講，我毫無印象郝先生講了什麼，我只掛念著演講結束後還得順利把他抬下樓。或許這一切都太戲劇化了，老天爺覺得前面的戲都唱這麼足了，後面的戲分也不能太弱啊。如玲老師與國文科的老師們，在這場次的演講之後，陸陸續續又開展了許多的活動，包含後來的狂野寫作等等，都相當精彩。

人生如戲。就像如玲在書裡提到的，師者有時只是播下種子，後來會怎樣不知道？有時天自有安排。我們只要各自負責把戲分唱足，用心的唱，就是一場好戲。隨著歲月的洗禮，我愈來愈相信一切都是最好的安排。說個我親身的經歷，十四年前第一次參加校長遴選，運氣不錯，首次報考就通過筆試，入圍到興大附中的複試（當時還是市立大里高中），但我在四選一的遴選複試中未能獲選；在遴選失利當下，我心裡有點失落，第二年再接再厲，順利錄取台南的新豐高中。在獲知錄取的喜訊時，也同時接獲通知，住在台南的父親檢查出肺部腫瘤。在這一年，我回到台南擔任校長，也陪伴父親最後一年。在台南服務六年後，我又遴選回到台中，擔任當年遴選失利的興大附中校長。回顧這一切，原來當年的遴選失利，不是挫敗，是上帝的恩典，讓我能忙於公務又能盡孝道，等因緣俱足了，該去哪裡就去哪裡。好比如玲在這本書裡，描繪的師生情緣，每一段故事都有它存在的意義。

我讀如玲這本書，就像是翻閱她教學生涯的回憶錄。從師大畢業，歷經各時期的教育環境轉變，她也跟著與時俱進的蛻變。我們年紀相近，加上有共同服務場域，讀著讀著，腦中浮現故事的畫面，宛如身歷其境。擔任教職多年，我也有如玲老師的類似經驗，以前種的因緣，多年後再接上線，說是重新理清前緣也好，或是再續前緣也好，生命之間似乎沒有誰影響誰或誰教誰的必然，有時我們從學生身上學到的，不亞於我們想教給他們的。

如玲給我的感覺，始終是很溫暖。她有時很細膩，有時卻又很傻大姊。如同她書裡寫到，新課綱上路前，憑著一股熱情，就自薦擔任一〇八課綱課程諮詢教師的召集人，我要是當時也在會場，我也會像那位同事一樣阻止她，我會在桌子底下跟她狂比NO，勸她別幹傻事，因為那些複雜的條規會把她搞瘋。但她就是一位單純的師者，天不怕地不怕的勇者，為了教育向前衝，即使退休了，仍活力滿滿。

王溢嘉曾經寫道，人生有三部曲：「第一部，相信聖誕老人，期待他的降臨。第二部，不再相信聖誕老人，面對現實。第三部，自己成為聖誕老人，彌補現實。」您的人生是處在哪一部曲呢？我從如玲的書中，看到師者的光輝與智慧，期許我自己也能跟她一樣，成為孩子生命的貴人。

目錄

PART 2 那些我在教的，正是我需要的！

PART 3 教育，自然法則而已

序 FOR YOU，親愛的，生生世世的師長們

這篇文章，或許有點突兀，但我想拿它來當序言。它像是要凌空跳過我在寫這本書時思考著到底要挖自己到多深的猶豫；或感嘆成書過程各方協助的神奇；還有懷疑著像我這樣一個平常老師的看見，究竟有何意義？別懷疑，這個懷疑占據最多時間！

它還要跳過簡介這本書，比如第一部分說的是用第一線老師的眼光看三十年教改；第二部分是一個老師在教室裡看似教導，其實被教導的學習之旅；最後那部分幾乎像是喃喃自語，又似大聲疾呼。

但當最後要來寫序時，我覺得以上都不是重點，重點只有一句，那就是「FOR YOU，親愛的，生生世世的師長們」。請讓我把它拿來當序言吧。那是在一次很深靜心後，幾乎瞇眼，手飛快在鍵盤上跳舞的記憶。

每次重讀，觸動我的仍是那第一個冒出的句子。如果你讀來感覺不成章又不成篇，請見諒啊！那一定是我傳達還沒那麼清晰，但，這是目前的我的盡力了。

1

當時心中冒出的第一句是：「親愛的師者們，我們沒有那麼容易受傷害。」

這樣說並不是說師者有盾牌石塊槍械或彈藥。這樣說是因為生生世世以來，當我們選擇進入師者血脈，就很容易在每一個傷害點裡迅速修復——這裡所說的師者，不單指學校老師，各行各業都有師者。這樣說，也不是要暗示師者有斷尾蜥蜴神奇癒合的超能力。這樣說，是指「『修復』來自當你決定成為師者的那個當下」。當你決定成為一個師者時，心就幫你安裝好一組「修復ＡＰＰ」。不要認為這是誑語。佛經說「心如工畫師，能畫諸世間」。諸世間何其雜，心都能造就，安裝一組小程式？沒那麼難！

如果還是不太理解，就請你把它當成一個價值觀，一種理念或是一種想法，不管是什麼都好，就是那樣，置入而已，下載而已。反過來說，如果我們並沒有選擇成為一個師者；或是選擇了，但忘了，這程式顯然也就發揮不了效用。那就像是你新下載一個ＡＰＰ，但你不點開它，你就無法用它。同理可得：如果你安裝的是別種職業的ＡＰＰ，你也就不會用到這款師者「修復ＡＰＰ」。

當然除了師者，你能同時多安裝幾個，只要時間管理充裕，並玩得愉快。但，如果你「選擇」此生（或此時）要成為一個師者，當你開始接受扮演點燈人的角色時，你一定會同時啟動守護點燈人的程式，也就是「修復ＡＰＰ」。

2

談「修復ＡＰＰ」前，先談談師者另一個有趣的「通道ＡＰＰ」。「通道ＡＰＰ」必須比「修復ＡＰＰ」更早下載。這個通道是一個承先啟後的設計，當安裝完成，才順帶附贈修復程式。請想像當我們選擇進入師者這個脈絡（各行各業的教練、師傅都可以），我們就成了一個通道。這通道裡有前行者，有後隨者。它讓師者不再只照料自己，它開始很容易顧念後來者（學生）。用點燈人比喻，就是你開始不只為自己點燈，你開始思考如何照亮別人（有的還兼供水供餐喔）。但總會時日久了，油盡燈枯水乾，這時，「修復APP」就要啟動。

好的，如果你早先選擇當老師時的「通道APP」（承上啟下、承先啟後）還未解除，用白話來講就是：你手上的燈還在的話；還願意供燈、供水的話，放心，過去生生世世的師長開始以前行者姿態過來幫你添火加水，一如你不自覺為後來者（學生）添火加水一樣，必然而自然。沒錯，當你進入修復狀態。簡單說：就是從各種管道開始幫助。但重點是：你還記得你是點燈人，還承認你是點燈人。

至於怎麼被修復？

來回想你曾讀了某本書，聽某場演講，看某部電影，聽某首音樂，參加某次工作坊，聊某個話題，你有沒有曾經那麼一個電光火石，心陡然又亮，門又再敞，甚至不由自主就一直找相關資料來學，或不學，但那個突然活過來的感覺，記起來沒？這些都是幫忙修復的，這些幫忙很動人，但真正動人的重點是：你就算心如死灰，但你還是記得，你還承認你是點燈人，這些協助才有力量。

你知道點燈人多美嗎？如果抬頭看看夜空，你會以為亙古以來，黑夜茫茫一如人生苦海無邊。但若定睛一看，你會看見繁星一直點點在，或許烏雲遮眼不見，但真相是，始終不滅。為什麼要說這些？你知道點燈人為何美麗嗎？因為點燈人本身就是星子。當星子自己亮起，就會知道，原來每個星子都有亮起的渴望。每個都是！更美的是：當點燈不再只為自己，而為別人時，生生世世以來的師長，所有曾經是點燈人的人都會幫你，幫一剎時心灰意冷，滅了燈的你，幫你把燈亮起來。

這就是生生世世師者「修復ＡＰＰ」的功能，這也是星子美麗的祕密。

但必須再次說，重點還是在於你知道你是通道嗎？你知道你在做承先啟後的師者嗎？你必須先知道這個。那就像是魔法師一樣，不知道、也不承認自己是魔法師的人，再厲害也無法施法，得先知道自己「是」，再認出手裡法器，再一次次練習，才有可能運用法器力量。那就像是認出自己是通道是點燈人的師者，才有辦法火海也好、火炬也可，火柴也沒關係，拿起哪個就是哪個，才能點燈，才不怕燈滅。

3

點燈是各行各業的師者們都在練習的道路。這條有趣又漫長的路，它是往上攀升的螺旋體。當我們越少批評抱怨，往上、往遠、往前去的速度會加快，即使經歷痛楚，也能快速轉去更高維度，不至停留太久。

所以，親愛的師者，我們沒有那麼容易受傷。請看出班級裡的所有事情都只是來提供經驗讓你看見自己，你超棒，每個靈魂都超棒。認出故事，但不和故事糾纏，好好享受故事提供的體驗。試試感謝，你會充滿靈感到像個蹦蹦跳的小精靈，而且無論幾歲都是。（這個是真的，如玲和很多老師都體驗了。）

這個練習包含兩個子題：一個是往內認出。一個是往外看見。往內認出自己此生（當下）扮演的角色。往外看見這樣的自己擁有什麼樣的工具。

放心，如果是魔法師，那法術會讓一個斗篷、一個手杖、一根羽毛、一朵鮮花，巴拉巴拉，陸續現身出來；如果是點燈人，那燈會是一根火柴、一把火炬、一片燈海或一個專屬你的火紅教案，陸續轉化出來。在這樣的練習中，教室裡的你會發現你不再以教導學生的角色存在。你開始和台下的學生一起進入一個學習的流裡頭。那是一條伏流，隱隱約約又確確存在。練習在伏流裡更鬆開的流動，這伏流行經沙漠。沙漠是如此巨大、具體到看起來不可能改變，但因你的放鬆，會認出伏流雖然看不見，但它真實存在，斷斷續續，但從沒放棄渴望入海。

你得接納面對行經沙漠時的恐懼。我說的沙漠就是老師們常在教育現場看見的一群昏睡的台下——你幫睡到流口水的孩子蓋過被被嗎？我說的沙漠還像是看似無法撼動的制度——你曾幫忙解套一個紛亂情緒大過議題討論的會議嗎？如果你曾遇過上面的狀況，你會記起這樣的沙漠曾如何耗散你的心志，這樣的耗散甚至讓我們很容易放棄相信伏流能萬里，浩浩湯湯終能歸大海。

但為何你還沒放棄？就算說再也不要雞婆，但為何還繼續？你去拉拔叮嚀，去氣到說再也不管，但為何還在想方設法？為什麼？不要懷疑，那就是師者血脈了，無誤。

師者血脈就是當你看著孩子還是一個小不登愣啥也沒的種子一粒，你不知哪來勇氣？敢堅定跟所有看壞他的人說：「會長成參天樹的，會的會的。」

你有看見伏流的能力，你一直都有，只是忘了。如果忘了，請記起來啊！

4

記起你曾在暗夜裡無數次的點燈，即便光小如豆，點上就是燈。

即便你也咒罵這無邊黑夜，因為怎麼點，那夜幕仍是墨黑。但當囡仔從不知哪來的生命之河飄到你眼前時，你又忘了咒罵，你開始忙著守護，直到送走孩子，看著他們安全進入下一段生命之河，說再見再見同學再見啊，驪歌唱啊唱啊！然後，你開始準備下一場點燈。然後一樣，還是咒罵這無邊黑夜。哈哈哈，好可愛的畫面啊！期末期初就是這樣不是嗎？

當然，有時候真的是不想再點燈了。我們說管他媽媽嫁給誰？誰家孩子誰去管！那有兩個狀況來了：一個是我們決定放棄師者這脈絡（選擇其他身分去）；一個是我們正在修復當時的選擇（繼續扮演師者），而這兩種狀況都很好，我們自己內心清楚就好。

只有一種狀況必須被注意，那就是為各種需要（錢或是對某個位置有所期待）繼續當老師，但不認為自己是老師時。這時，每個單元依然熱烈教完；每次進度還無懈可擊，但只有自己知道心如死灰。等等，讀到這裡，是要來責怪這款師者嗎？不是喔！請放下這念頭，沒有責怪，只是看見，然後一起思考這樣好嗎？

只是來提供一個可能：有無可能？從師者通道移出的你，其實應該移入其他通道，移入那個能感覺呼吸、感覺活著、感覺創造的通道？該來練習問問自己：「對自己來說，生命裡真的好玩的是什麼？」

請把師者「要有使命」這樣的說法拿掉。請在教室裡，操場上，試卷裡，課文裡玩。像孩子一樣玩。放下學生，先問自己：對自己來說，真的好玩的是什麼？

記得小時候的你嗎？玩累了就直直說我玩累了，如果還想玩，還不想離開，就實實說我累了，想休息一下。休息一下還不夠，想離開就說再見，或想去別的地方玩，一樣再見。但不要帶著罪惡感休息或離開。也不要帶著使命感哀怨的留下。

你看過哪個孩子玩到累了，想休息時會說：「對不起我累了，我想睡覺，而這讓我感覺罪惡。」不會的，親愛的，他只是直接去睡，或者哭鬧一下，然後就去睡了。即便哭鬧，那個哭鬧不是要讓誰不舒服，而是表達一個需求。焦點從來不是哭鬧，而是去理解那個需求，哭鬧自然就退去。放下對自己或對別人的責怪吧！

師者面對的正是比我們年幼的孩子，不如就記起自己是孩子吧！我們就會知道如何連結孩子，而孩子最大的能量是什麼？不就是玩嗎？

5

玩心穿越年紀，還帶來豐盛。當我們在師者通道始終感覺不來好玩的，請練習允許自己換通道吧！通道其實就是血脈。不想當老師又必須留在師者通道的，建議看一次宮崎駿的《魔女宅急便》吧！也許可以幫助記起自己的血脈，自己的通道。

記得小魔女決定離家那段嗎？影片一開始預告颱風要來，她決定立刻起飛去那個屬於自己的村落，開始她的魔女守護。「颱風」代表已知的困境，在魔女血脈（通道）裡看到的颱風不是困境，而是機會。而這個機會是小魔女的媽媽和外婆（同樣魔女血脈）一致的看見，這也是凡人爸爸不理解為何要在颱風天出發的疑惑。這裡並不是要比較誰魔誰凡？只是來說血脈，小魔女承接自媽媽、外婆，還有更老的外婆，這一路下來的就叫做血脈，各行各業都有這樣一條血脈，隔行如隔山，說的正是血脈不相通。

通，不是學習後，才通。

通，是回自己通道後，學習如何更通。

至於是不是自己通道，自己很清楚。自己通道也當然不全順風順水，但即便水逆風擊，咬牙流淚罵著都還說「我甘願」時，那就對了！那就有機會再上層樓了。

不是自己通道的，是鳥硬學游，魚要學飛，隔山打虎，看似虎虎，還是不動紋風。通，也不是這輩子只能通一個通道。通，可以是八萬四千條條路，曼陀羅一樣展開，至於是否在自己通道裡，可以試試簡單辨識，問自己好玩嗎？平靜嗎？喜悅嗎？豐盛嗎？流著淚也要繼續嗎？當答案是肯定的時，那就是《魔女宅急便》裡的小魔女，小小身軀，抓著掃把就敢前去的身影。

最後要說的是一個關於對師者的放下。可以放下對每個老師都要熱血澎湃，忘我付出的渴望嗎？可以只祝福師者們願意成為通道，成為點燈人，而不是一個只傳知識的「類ＡＩ」嗎？

師者，是因施而成師。施大施小勿比較，也無從比較。心若到位，所施成真。真也別執著那個「真」。每屆孩子來來去去的因緣，隨聚隨散，再真！最後不也是假？榜單再紅終要撕；專案再火總是煙。此生來地球體驗，何其有幸，最終，點點滴滴還是都入了集體意識資料庫（雲端？阿卡莎？阿賴耶？），而老師和學生不過就得一暫時空間，名曰教室。我們在教室練習「聚散」。

運氣好時，在一個班裡認出幾個點燈人，你給他添了火加了水，放到各行各業去，當我們老了，閉上眼，想到亙古黑夜又如何，各行各業都有幾個你認識的點燈人守著咧！心好安啊！運氣更好時，還能練習往內認出，往外觀察。

往內學觀自在菩薩，靜心直探自身，行深不行廣；往外習千手千眼觀音，十八般武藝足，能學還想多學。若能如此深廣多能，受傷時，即使「修復APP」來不及啟動，光是師者本身的學習APP系統，藉此進階版的內學外習，升級PRO版，親愛的師者，哪還來傷害呢？

教書最後十年，我邊研究馬雅觀點，邊在教室裡實證陪伴孩子認出自己通道的力量。而這三十二年在師者角色裡的我，最深的感受就像馬雅問候語「In Lak'ech Ala K'in」（你是我，我是另一個你）一樣，就由這本小書，輕輕又清清說說那些「因為教你，我認出我」的故事。

這些故事都是真實，因涉及學生或個案，為免大家好奇，我讓一些場景與人物互換。與我共同經歷者若是麻吉，必不用猜測；未與我經歷者，就有緣於文字吧。至於是誰？何時？何地？就請放下，祝大家都直取能量，故事都過了，過了就過了吧。

感謝天行者編輯小歐協助文字擴展，老師好友藍夜品如、紅蛇馨如、白狗以鈞、紅月雯祺幫忙校稿。

更謝謝啟蒙我教學之愛的外婆，引導我教學之路的父親；以及僅因一場辨演講之緣，卻協助我記錄了教與學誠實心法的郝明義先生，謝謝好老師。

全身心的感謝，以愛與光。

PART 1

那些教改改的，不是我想要的？

“對於教改，跟我對愛的看法是一樣的。
如果是一件非要成行的因緣，又誰能擋；
如果是一件非得結束的故事，又誰能挽。

祝福一切非得非要或非不要非不得的，
希望你們都在清明的覺察裡一言一行活著，
不是在欲望裡，不是在私念中。
是看著孩子澄澈的眼睛後，決定的。”

一九九〇－一九九九

教改從對立到無分

跟著教改改革的二十三歲

我走上街，人行道上有一個深洞，
我掉了進去。我迷失了……我絕望，這不是我的錯，
費了好大的勁才爬出來。

——索甲仁波切，《西藏生死書》

	如玲的發生	教育界的發生	歷任部長
一九九〇	師大畢業，分發任教，適應不良，實習期間回學校座談前大哭。	教育改革，風起雲湧。	一九八七年七月至一九九三年二月，毛高文。
九二	聽說高中不用打學生，趕快自行報考高中教師甄選，全台考透透，全落榜。		
九三	考上剛成立三年的文華，導師班是舞蹈班。		一九九三年二月至一九九六年六月，郭為藩。
九四	意外接觸《明道易經》，學習呼吸後免去頸椎手術，讀《六祖壇經》至「不輕初學」，感動莫名。認作自己的「師經」。	「四一〇大遊行」，教改聯盟提出四項訴求：落實小班小校，廣設高中大學，推動教育現代化。制定教育基本法。 由李遠哲院長擔任教改召集人，在《總諮議報告書》內提出的內容，也包括後來大家耳熟能詳的：技職教育的多元化與精緻化，實施多元入學方案，民間興學。 公布《師資培育法》，確立台灣師資培育多元化的道路。	
九五	和大學同學在一次同學會後，決定自力救濟，合作蒐集班級經營點子出書。		
九六	決定嫁了。	吳京部長接手教改。《天下雜誌》製作系列報導「海闊天空的一代」。	一九九六年六月至一九九八年二月，吳京。
九八	大女兒出生。		一九九八年二月至一九九九年六月，林清江。
一九九九			一九九九年六月至二〇〇〇年五月，楊朝祥。

出版書籍

1.《班級創意經營——反鎖死教學手冊》（合著），一九九七。台灣第一本第一線教師合著的班級經營。
2.《教學魔法書》（合著），一九九七。

1

我跟年輕老師說，會哭是好的，眼淚看起來是弱，實是心還軟。

我是一九九〇年從台灣師大公費生分發開始教書。一九九〇年也是教改風起雲湧的第一年。這樣說來，我算是跟著教改長大的老師。這個我，在畢業後第一次回母校，十五號公車開到校門口時，哭了，真的哭。哭的原因不是思念母校和同學，而是，教育現場和學校教我們的差太多。教育現場怎麼好像動物園？我是馴獸師嗎！我和同事每人最少有三根：長藤條、短木板、矽膠條（說是打下去很痛，但無痕可查）。

我們明明照教授教的「遇到表現差的孩子，多看他幾眼，讓他知道你關心」。結果被放牛班嗆：「阿嘸你是咧看啥小？」那個年代還有按成績分班制度，成績差的叫放牛班。

我後來不怪學校了，教授跟每一代老師做的一樣，都是「用過去學的，教孩子面對未來來的」。問題是未來正在發生，沒學會關注當下，未來永遠鋪天蓋地來嚇死人。我若不能看見那低頭不語的孩子，要的不是直視的關愛，而是一頓確實的晚餐；我若沒能再觀入：孩子要一頓食物，又不要被你看出他連飯都吃不起；而且不只不想給你看，更不要這世界有人知道他無助；他更希望的是消失，最好化成風，沒人記得他存在。反正「我在或不在，沒差別」，這是一個學生跟我說的。

剛畢業的我不知道該怎麼辦，教材教法和班級經營的書裡也沒寫；大四時，我們多勤練板書啊！但沒人跟我們說，當學生一個字都不抄時，你整牆板書意義何在？

但乖乖一路讀書到大的我，不只不知道教室現場長這樣，我誠實說，我其實不太清楚大學四年也是台灣巨變的四年：大一時是一九八七年解嚴；大三有一九八九到九〇年間的鄭南榕自焚、柏林圍牆拆除、東歐脫離共產、天安門事件、野百合運動；這麼大動盪裡，我忙社團、舞會和失戀，更多時候擔心爸媽離婚。校園以外我知道不多。

我只知道一九九〇年，我要畢業了，要參加公費分發去當老師。

2

一九九〇年是政治始終千變萬化的其中一年。一九九一年「動員戡亂時期」終止，國民大會裡的「萬年國代」瞬間消失。「小心匪諜就在你身邊」的大浪正在消退，曾經銜枚疾走的夜行氛圍淡去，同一時間，教育改革審議委員會召集人李遠哲先生預言教改成功關鍵。他說：「教改是全民的，與社會脫離不了關係，如果社會不改善，教育也沒有辦法改革。」

但社會怎麼改善？

這問題到我五十歲後才知道社會一直在「改」，「善」倒未必，但自心「改向」，永遠有路。

而沒意識到台灣正從「對立（國共／是非／正邪／黑白／結果重於過程）到無分（渾沌／共同體／無尊無卑／過程就是結果）」的我很辛苦。學國文的我就像沒意識到大觀園要關門，還帶花花朵朵唐詩宋詞元曲招呼學生遊園去？教室裡睡的睡，幹架的幹架，魂都不在，誰跟你賞花念詩詞？還是花一節課解釋「靠北」（哭爸）是指父喪；說「幹」時，請檢查到底是在罵別人還是自己，這個比較實用。

說來有點羞赧，大學時，我記得曾在一個聚會裡，聽外校同學形容像我這類型的大學生，他握拳憤憤說：「讀書人不知道社會事，根本是自私。」我知道他說的不是我，但我小心呼吸，好怕他發現我就是他口裡那個自私的人。

我當然可以推說當年資訊封閉，但我不想這麼說，因為在後來的學習裡，我發現該你知道的，自有巧妙安排；該你負責的，會排山倒樹送來。關鍵是渴望。如果沒有渴望，就算有人整理好訊息到跟前，不識貨還是不識貨，不需要還是不需要。就像我們準備給學生的，無關課程好壞，但沒渴望時，再好？也是不好。

大學的我就真的還沒有探索世界的渴望，放下自責是很重要的功課；後來的我才能看見那個年少的我，真的不是故意「自私」，說真的，也沒遇到能引發我探索的前行者。這也是後來教學時，我不太責怪年輕孩子的原因。我不會輕易說他「自私」。我會說「還沒看見而已」。特別對那些老想跟團隊對著幹的孩子，我超誇張有耐心等他看見他自己在做什麼？可能跟我從看似自私、卻長成一個雞婆阿嬤有關吧！什麼事說得準呢？慢點定論吧！

例如學生不想在掃地時間掃地這件事，在我聽來，我總覺孩子不是NO，就只是現在Not Yet，也許以後就說Yes啊！與其責怪孩子不做，我通常是為了公平原則，會問他：「那你想在哪裡付出？是換時間掃地？還是換個任務？還是？請作答！」

3

說真的，在這樣詢問下，我還沒遇到能作答的學生。這真讓人失望啊！我曾幫忙想點子，例如，「每節下課唱歌給我聽？或唱給校長、孔子銅像聽？」但記憶中，我都被狠狠拒絕。可能光想要換什麼任務就比掃地煩，學生幾乎都說：「我掃，我掃。」

其實我那些得獎的，看起來很厲害的班級經營後面，很多是像上面例子裡無厘頭的對話，它貫串我整個教書歲月，我應該老到沒牙了，想起這些還是會露齒一笑。當然也有流淚的時刻，但大部分想來都很好笑、很好玩。而這個好笑、好玩的我，可不是一開始就這樣的。

我來自一個嚴肅的家庭，記得國小時，家裡客廳常有代工品，那是「家庭即工廠」的年代。我寫完功課，會去幫媽媽剪毛線頭、編織塑膠洋娃娃毛線裙、切醃漬蒜頭。我很乖，工作和寫功課一樣迅速安靜，但，我好想出去玩。

有一次，實在忍不住，就問媽媽，「為何我們不出去玩？」媽媽說我不懂事，說爸爸當老師的薪水要養很多人，玩很花錢又沒意義。

長女的我，成長過程中，「要懂事」三個字常讓我對內心愛玩的念頭，感覺愧疚。

不在乎家人辛苦，好像跟不知道台灣政局一樣，都會讓我覺得我很自私。

但，天性壓不住啊！高中一離家讀書，根本是鳥飛出籠。書不唸了，溜冰溜到忘我，得等大學鐵錚錚落榜，才又記起什麼「玩樂喪志」、什麼「後天下之樂而樂」是第一等人。好自責啊！先天下之樂而樂的我，可能是「末等人」吧？難怪落榜。

還好，大四時遇到的「野百合運動」。真的，它給我最大的禮物不是民主意識，而是讓我發現「悲喜是可能同時存在的」。天大的痛苦裡也可能埋伏著快樂。悲喜也未必絕對，涇渭不一定分明，「末等」和「第一等」也難定論。

4

這樣說起來，「野百合運動」算是整個大學四年，我唯一對外在世界有感的。那時真的只要有空，就想擠到中正紀念堂靜坐聽演說、喊口號，可能是覺得我終於是那種「讀書人，當如是也」的大學生了。但靜坐那裡的過程，有兩次顛覆我對「玩」這件事的定義。一個是「愛的鼓勵」，一個是「天安門電話」。

愛的鼓勵是發生在大舞台上熱血接棒演說時，也不知是否忘情，分享者最後雙手奮舉：「愛的鼓勵預備備……」還沉浸於演說感動裡的我用〇．一秒僅存的清醒，疑惑這是啥？神奇的是：我的手跟著動了，不只動，還全力以赴外加「愛的火花」，我看著自己高空中的雙手，喊出「咻蹦」的時候，差點以為參加四海社團康歡樂晚會，集體力量真是驚人啊！不明所以，仍能奔騰？

這經驗也成為我後來在面對教育集體翻轉時的態度。我很能配合一起愛的鼓勵，也不拒絕咻還是蹦，但我更喜歡清楚那是出自自心，不是集體意志。或者說就算集體意志也沒關係，但要清楚那就不是自己意志，那叫「配合」。得清楚到這裡，真正的配合才開始，因為是自己選擇。

「天安門電話」是因為主持人剛說完待會兒對岸會來電報導天安門最新消息，於是鈴聲響起時，我合十、你含淚，廣場何等肅然。

「喂，喂喂……」電話那頭聲響竟帶台腔，好意外！「是，是，您說，請說。」主持人也很激動，結果廣場擴音器超大聲傳來：「哇欲叫瓦斯！」主持人說：「嘸！遮嘸瓦斯！這裡正在進行的是……」為了讓自己看起來像在哭，我把頭埋進衣服裡大笑，這怎麼可以啦！這種肅穆的場合，我居然為了瓦斯，像吸了笑氣一樣一直憋不住呵呵呵？

還好，人會老真好！更老就更確認那樣的笑，真的沒關係。就那一時笑，笑完，真正電話傳來悲傷時，該悲憤，還是繼續悲憤，不要緊啦！

悲喜同在，一如禍福相倚，樂中有悲，悲中有樂，若因集體大悲，就不認己心有喜，這跟眾人歡，就不敢說我心傷一樣，太不健康了。

人生是來玩的！

若有人覺得「玩」聽來刺耳，試試改「來體驗」如何？若大人一直說「來人間受苦」，那和學生說「到學校受苦」有何差別？重點是，真這樣，誰要來（受苦）啊？

人生是來玩、來體驗、來學習、來拿禮物的。重點是學到了嗎？禮物拿到了嗎？

5

寫這篇時，一個年輕老師跟我分享他最近的「好玩」。他說最近班級事多，家長超魯，家庭事雜，心累到魂飛魄散。但騎車帶女兒回家時，看到前方有一大群鴿子，突然童心大發，跟女兒說：「我們騎過去吧！」然後他們就從鴿子中間騎過去（沒傷到鴿子），鴿子飛起，他和女兒大笑，人好像有力氣了。

我說他大笑穿過鴿子群時，進入平行時空了。

為何是平行時空？讓我們來用王羲之的「快雪時晴」舉例，會不會比穿越鴿子有水準？來，如果我們願意認王羲之那一絲絲的晴朗是「歡快」，怎麼鴿子的平行時空就不算掃除陰霾呢？那「雪」又沉又壓，那「晴」明明只一剎，但王羲之說歡快！就算等等又要沒入雪中，但此時晴朗入心，讓再續行一段的人兒有了溫暖；就算班級家庭還是鋪天蓋地亂，但此時笑聲童趣，能讓這位老師再生點力氣，好玩從來無礙正事啊！

所以，笑完瓦斯後，我繼不繼續廣場靜坐？當然繼續啊！只是我開始發現，比起公眾議題，我對台上說話人的舉止更好奇；比起台上演說，我對外場邊煎香腸、邊玩骰子「拾捌啦」的阿伯亂聊更有興味。老阿伯煎著香腸邊喊：「香腸若是臭火焦（焦黑）欲按怎？」旁邊人喊：「反（píng）啦！」然後就看到香腸被翻面，來賓掌聲鼓勵。阿伯繼續問：「政府若是臭火焦（焦黑）欲案怎？」旁邊人喊：「嘛是反（píng）啦！」香腸又被翻面，來賓掌聲再起。一群人笑翻，吃完大腸包小腸，然後又回去靜坐。

我的興味盎然來自廟埕口長大的囡仔魂，裝不了假的，但也得到一個年紀，才敢冒著被說沒血沒淚好沒知識的可能，在人家提起野百合時，敢承認記憶深處留存的居然是兩個笑話。「怎麼辦喔？」我跟學生說自己也曾很歹勢，自己眼淺如井蛙，學生大笑，安慰我：「這就是你啊！」

要承認「這就是我（或我的想法）」真是一個很大的功課啊！

提到電影《悲情城市》時，大多會讚賞梁朝偉「挖係呆丸郎」的演技，但我愛的是戲裡李天祿面對天大劇變時，這位阿公總是先招呼大家「呷飯啦！呷飽才閣講」的模樣。越老越理解那個勸人吃飯的溫暖，是多少歷史裡難熬得熬時刻裡的叮嚀，是無論如何都要請你「努力加餐飯」活下去，再悲傷也得吃飯、要睡覺、記得呼吸。

而對我來說，還要好玩。要記得玩啊！

我喜歡這樣活著的我，因為那就是我喜歡的。群體很好，但不一定跟著群體就一定好，就一定適合我。嚴肅很好，但搞笑也很好，承認自己不愛嚴肅也沒不好。

但我媽媽一直要我別老說好玩，她說當老師是一件正經事。我很煩媽媽老這樣碎念我，總要跟她堅持當老師是好玩的事，媽媽則皺著眉，堅持要我「卡正經耶」！

二〇一五年媽媽罹癌，媽媽跟我說：「我想欲佮汝共款，啥米代誌都說好好玩好好玩……」於是我開始帶她玩好玩的、吃好玩的，最重要的是一路練痟話，逗媽媽大笑。

一直到二〇二〇年初，我和雖然失智、但意識還算清楚的媽媽在醫院有一句沒一句亂聊。

「佮我做伙迌迌，歡喜嘸？」我說。

「有！」媽媽吃力但用力、眉眼笑咪咪說著。

我眼眶一下就紅了。這是我為媽媽做的最認真的事。

6

這也是我後來在教書裡的體會：帶著玩心，就不會「邊行邊哀」，而是「邊哀邊行」。前者是邊走邊哀怨，後者雖怨，但還是繼續行，看看有無可能解決這個哀。

比如在那個年代，很多奇怪的活動要推廣。我記得有一次要推廣「誠實運動」，還要做海報和學習單，老師們怨聲載道。我如果沒記錯，當年還有一個專案，說是誠實運動前十名會頒發獎金？但你整個五臟六腑細胞都知道：長官根本不誠實，這活動根本是假的，怎麼辦？還好前人有經驗，傳承兩個路徑可選擇，我是在教書的第二個十年，才發現還有第三個路徑。（我把此發現寫成一篇文章〈放下教改大夢，我的教育夢是「當下乾杯」〉於報紙上發表，附錄於後。）

第一個路徑是「順」，可能因為大考在即，可能為了社會觀感，請老師多忍耐，請先讓這個不誠實的誠實運動在能力範圍內，以不太違背太多良心狀態下，順順推廣。這缺點只有一個，就是進入共業系統——你知道不對，但你總能想個巧方，讓它對，讓它過，因為過了就好像沒事。

第二個路徑是「逆」，管他孩子風浪，管他前程進度，就是要治本，就是要翻桌見真相，就是要改革。還推什麼運動？還做什麼海報？先抓不誠實的再說。讓上面長官看看什麼是真實。這缺點是耗時費工，還可能失敗。但人生苦短，至少圖個爽快。

剛開始我走第二個路徑，憑啥要我順？要嘛，上樑不正，憑啥要我正？要嘛，直接罵上樑，若不知道怎麼罵，就支持那些出頭為我們罵的，感謝梁山有人當喉舌出氣。

但，教書第五年，也許是因為結婚生子忙小孩吧，忙到翻肚吐白沫，光處理班上事務，就虛虛眊眊了。算了，就給它過吧，活動做熱絡些，只圖趕快過吧！孩子尿布要處理；拒學的學生還找不到，事要忙的可多呢！我也開始走「順」的路徑。

曾有老師聽完班級經營演講，以為我一直都這樣熱血，怯怯來問她每天都在等放學是對的嗎？她說：「我這樣是不是很不長進啊？」

別這樣自責，老師們都放下自責吧！我也會這樣啊，沒關係啦！人生真的都是一段一段，跟前面講的野百合瓦斯笑話一樣，是否不長進？算不算自私？喔！別！別！棺真還沒蓋，論什麼都不定。先「誠」吧！誠比較有機會有物，對自己誠實，才有機會看看如何面對：比如「等放學」的老師，你內心真正渴望的是什麼，它是一個專屬你的，有趣的生命探索之旅要開始的訊號。

7

教書前五年的教改熱潮裡，我明確感到遺憾的就是曾不明所以的支持《師資培育法》。

曾希望更多不一樣師資豐富孩子視野，所以當一九九四年《師資培育法》實施時，我超認真鼓舞學生，我說機會來了，沒考上師大沒關係，當老師途徑多的是，我的學生來問我要不要修教育學分的，我連雙腳都舉支持。

後來發現這政策的確幫了大學招生，但沒為學生估量未來。少子化來臨，是最好有那麼多囡仔給你教？我這樣很像馬後炮，但我不懂的是，前面錯了就算了，看著那些立志當老師，卻考二、三十年也考不上正式的老師；和二十年換十幾所學校，代課代到每三年被學生問：「老師我要走了，你明年還在嗎？」要躲起來哭的代理老師，為何不停損？

一〇九學年度，全國有教師證的二十一萬三千五百八十九人，有九萬三千七百七十一人還是流浪教師，比例高達百分之四十三．九，快一半？一一〇學年度，代課教師已達三萬兩千兩百三十九人，而中小學師培核定招生人數還逐年增加？接下來ＡＩ與雲端學院取代「純知識性」教導的時代要來了，請問這一大群老師是要去教誰？

更別說，超級支持廣設高中大學，以為孩子就不用面對那山大的競爭的我，後來發現，設置大學和選舉居然有微妙關聯，答應設立大學的城市意味更多商機；讓更多區域都有大學，意謂著「區域」會有滿滿「選票」。大學滿地春筍跟著選票冒的結果是：最高冒到一百六十根。滿地噴出大學生，量果然變多，但質呢？學歷開始廉價，倉促成軍的大學在二〇二二年停招停辦十二所。江湖還有一個鬼片級傳說，叫做「你的學校其實不再是你的學校」。說是未來八年內，會超過四十所大專校院憑・空・消・失……

初任教職那五年的我真的非常非常熱烈注意教改。我的心裡有一個聲音是：跟著跟著，跟好跟滿，不要掉了。教改是駛向未來的火車，各界菁英掌盤、跨界豪才規畫。跟上，跟上，向前行，轟隆轟隆，啥米攏勿驚！

後來發現，還是驚一點好。人生是自己的，那些來到眼前的學生，還是自己顧一下卡安全。

開火車的人總有各種原因臨時下車，公開發出的說明讀來都那麼端正有理，但我們感覺怪怪，又不能說明白哪裡怪？看到開一半（或半年）就下車，只能揮手，說：「哈囉！列車長您要去哪？」車……怎麼辦？我和孩子、老師和學生都還在這台車上？

怎麼辦？想想，還是練習自己開車！雖然沒有鑼鼓歡慶轟隆隆，但開哪條，撞到什麼牆，至少甘願。也許下車用走的也不錯，沿路風景可以入心，慢慢走，還是會到。

8

說一連串教改下來，沒有遇見好政策也是不公允的。但我認清兩件事。

第一件事是自古都說教育重要，但教育好像不會被放在第一個重要。經濟永遠第一名，經濟再來綁政治，政治又去連動選舉，選舉最後又回頭左右教育。但認清這個也沒用，抱怨也沒用，真實生活是火車還是繼續開，囡仔還繼續長，而我，還在老師位置上，教孩子要緊。

第二件事是學習是非常個人的、是死而後已的、是自己要負責的。一直期待別人或教改來救教育，就跟城堡裡的公主一樣，公主您又不是沒手沒腳，一直在那邊等人吻，或等王子用你的長髮救你。（那不是你的長髮嗎？你自己不用？）

這兩件認清，也幫助我確認我和學生都要開始為自己的學習之路負全責。

但說這樣好像多有承擔。哈！真有承擔，就不會在一開始說回母校大哭的事了。我記得當時一位前輩老師教我不要哭了，要轉念，他用當兵舉例，要我把三年做一梯，教三十年，也不過就十梯。

「所以，意義是？」我了無生趣的問。

「這一生好好把十梯做完，就功德圓滿。」早修時，會默唸佛號給孩子的他說。

但我不想只是當兵，啃饅頭，數日子啊！我思考如何處理班級議題，卻發現書裡各種經營都從外國坐飛機來，還講外星語，不論是教學理論、經營策略、評鑑技術，中式教育裡好像沒有？（後來發現，《論語》就是班級經營，孔子還是整天跟學生混在一起的老師兼宿舍阿伯。《論語》談的就是一種陪伴，是經營，又不是經營。《六祖壇經》是教師經典，談如何教，如何不教。）

我不要外星語。我要的是讓昏睡學生醒來的妙招；我要那些拿三字經當標點符號的學生知道言語的力量；我想看見全班一起辦園遊會；我還要抓作弊的妙招……

我決定找大學同學一起整理在地版班級經營點子，「就不信沒方法。」我心裡想。

後來真的和同學寫出三本班級經營書。這三本書據說是台灣第一套在地班級經營，類似現在親子天下裡各方各處解決班級層出不窮狀況的書。這些土法煉鋼的班級經營點子，還真的幫我安住班級躁動的年輕靈魂。

而一直到有孩子抗拒班級經營，我才開始思考到底真正的班級經營是什麼？

9

這十年還有一個我自己的大變動，那就是我發現我無法繼續在國中教書。開始熟悉班級經營策略的我，漸漸不怕管理班級。我無法習慣的是打學生這件事，和那些需要導師「檢查」學生的時刻，那對我來說很難熬，比如檢查頭髮、指甲、書包，這些我自己都很討厭的，我很難說服自己去檢查別人。

但我還是想繼續當老師啊！於是我又開始想……

寫到這裡，我發現我還是滿有腦的，因為才教兩年，我已經思考、思考、一直在思考，只是我思考的是：去哪當老師才能不打學生呢？

答案是去高中。聽說高中可以不用打學生，是這樣嗎？好，就為這個，我就去！

我開始投嚇死人多的履歷表，繞台灣一圈那樣的去考試。哪裡有缺哪裡去，山上海邊，就差外島了。就像現在全台考透透的流浪教師，這在現在是司空見慣，但在那個年代，我們這種公費分發的老師，很少這樣流浪的。

而考試的過程真的很不順利。曾經我還大包小包準備教具中（那是一個老師還要製作掛圖教具的年代），有人來勸我不要費力。「早就內定了。」他說：「你不知道嗎？」這曾讓抱著教具坐火車的我一路哭回家。

「怎麼可以這麼不公平。」我忿忿不平想著，但無法可施。

偶而遇到公平，進入面試，卻常被問：「沒念研究所，『憑什麼』教高中？」

「憑什麼」真是一句很讓信心煎熬的句子，特別是我真的沒唸研究所。

我只好拼命扯我擅長班級經營，努力說我正在做一個創舉，就是蒐集班級經營點子；又說我很會引導，知道如何讓孩子打開心門說話；最後說我一直在寫作，我超知道如何引導孩子創作能量……

他們說：「但，你沒念研究所！」這聽起來真像是我缺一顆牙，我，不夠完整。

還好我有阿嬤。阿嬤給我滿滿愛，她總讓我覺得我啥也沒缺，別說一顆，我一個角角都沒缺。這也是我後來帶孩子的方式吧！

真的！在我眼裡，孩子，你一點都不缺。

10

阿嬤在失智之前，總見我一回就誇我一次：「咱如玲足鰲耶！」也許是這個力量，台灣跑一圈都沒考上高中老師的我居然沒升起「去唸個研究所再來考好了」，或「原來我不夠格教高中」的念頭。我想的是：「好，那我偏偏就要成為那個沒念研究所，也可教高中的老師，哈！」

哪來的自信？一定是阿嬤給的自信。阿嬤哪來的自信？阿嬤一定太愛我了。這也是我在班級和學生相處的狀態，難怪我那麼早就被學生叫「老師阿嬤」。我真的跟我阿嬤一樣，真心覺得學生都足鰲耶！就算他槓上我，我還是覺得他鰲，只是比較偏向「汝厚膽喔！敢和我作對夠」的那種鰲。

最後是在一九九三年，有兩個不在乎我有沒有研究所的學校，錄取我了。我選擇去文華高中，然後在這裡從戀愛到結婚生子，最後在這裡退休。我真的哪兒都沒去耶！就在這裡和大夥兒玩出好玩的。在這個接納我缺少「研究所」學歷的學校，玩出「研究所」以外的記錄。

我在這兒拿到「ＰＯＷＥＲ教師獎」、「特殊優良教師獎」（我其實一直對特殊不特殊、優良怎麼區分很好奇，也問不出所以然）、「時報文學散文首獎」等，開啟十六年狂野寫作教學，完成兩百五十場以上的班級經營演講。在文華最後十年還因家人生病，開始接觸馬雅曆法，我實證曆法裡的圖騰體驗，融入班級經營、教學輔導與寫作，繼續演講分享，繼續開設工作坊與青少年營隊。退休前，因為教改裡多元選修的項目，還開了台灣第一個公立學校馬雅圖騰識讀課程，教授來觀課時，說這裡都是「高頻的靈魂」。

是的，我就在這「高頻的靈魂」……啊！說歪了，是在文華呆了這麼久。退休前，感謝學校推薦，還拿一個「杏壇芬芳獎」。

所以，《六祖壇經》說的是真的。惠能說：「東方人造罪，念佛求生西方。」然後問：「西方人造罪，念佛求生何國。」哪一方呢？我好想搶答。

惠能法師，選我選我，我知道，我的答案是：「任他東西南北方，能立足處就成方。」這是我在文華高中，坐穩坐好，就遇到諸諸種種善友良緣的真實體驗。

這是我教書第一個十年……

教室外的世界從二元對立裡鬆開了。

教室裡奮戰的我從「師道尊嚴」講台走下來，進入師生都是學習者的平行世界。

接下來第二個十年，是我放開教改大夢，孵自己教育小夢的十年開始。

附錄——

〈放下教改大夢，我的教育夢是「當下乾杯」〉，原載於《中國時報．人間副刊》二○○九年八月五日，改寫於二○二三年三月十四日。

東方人造罪，念佛求生西方；西方人造罪，念佛求生何國。

——《六祖壇經．決疑品第三》

「原來是這樣的啊！」四十歲後的我把伸著老長的脖子自彼岸拉回。終於有此岸可擱置的頭顱發出深深的喟嘆，還好喜悅汩汩就地泉湧，水淹漫漫、能給鵠立已久的疲疼一時清涼。

「原來一直是沒有夢想這回事啊！」

四十歲後的我從對夢想的罣礙裡反轉回魂，感謝自己曾經歷的種種恐怖之後，略識得，原來當我每每在現實境裡說未來夢時，我就進入顛倒境。境一顛倒哪！受想行識也就各各模糊，別說未來的夢想渺不可及，就連當下的步伐都要踉踉蹌蹌，觸目所及：市集如海晃蕩、屋樓如蜃縹緲，人，惶惶如夢。

夢想當然如梅生津，能止生命的渴；夢醒呢？梅竟幻化成霉！一季悶濕雨都下盡了，心底還要淌一陣或更久的淚，然後再孵一株梅樹、再望梅、再發霉……

我一直是個老師，從校門出來直接輸送到第一線從事教職的老師。我也曾渴望一個個換過的政局、一回回更新的政策裡海闊天空的教育大夢。等著等著，卻等到在很多遊行裡進入唇槍舌戰的是非評論；等著等著，卻等出很多你來我往的會議衝突，看不懂的利益計算，一直到我看見來到我眼前的每個學生的眼睛，那單純的眼睛啊！終於讓我確定我什麼都不是時。

我不再等。

確定我不是決策人、也不是政務官。我現在的名字是老師。

我能做的是去觀見，「孩子你因何而來？」「我能為你做什麼？」「我們能一起在這場相遇裡成全什麼？」然後，當我對每一個來到我眼前的、獨一無二的孩子生起敬心；當他們與我相望時，我能在心裡起無限祝福；當我說「各位！學習之旅開始！這一趟高中三年之旅雖屬短程，但精彩可期，請安坐」時，人，篤篤如山。

在我進入這樣的生活氛圍後，我慢慢能看得台灣好多老師的身影，他們不見得在街頭抗爭，不一定在議堂爭取，甚至沒得過什麼厲害大獎，但他們安安靜靜微笑牽著台灣囡仔的手，任時局詭譎來去，他們還是一路唸歌冊、護孩子走一段。

我喜歡我自己是這樣的老師……

安安靜靜微微笑牽著台灣囡仔的手，任時局詭譎來去，還是一路唸歌冊的老師。

我還是說著夢想，說我自己真正的夢。

我心裡清楚：夢想是每一個因著當下的專注而召喚來的實體。至於它來是不來，我非常尊重它的考量，我能做的只是做好當下。

我還清楚一事：那就是該當我的、我都做完後，我就能好整以暇地坐下來，倒一杯我愛的水，放乾乾淨淨玻璃杯內，然後，我等它一起，共飲。

我的夢想是「當下」！乾杯！

我的教育大夢就是和不知從哪個生命之河流到我眼前的孩子，一起當下。一起練習創造各種，也許連我們自己都不知道的自己。一起體驗那些更好更高更有趣的生命版本。

在早修，在掃地，在對話，在課堂上，在檢討考卷，在校園活動，或是樓梯相識點頭，或畢業揮手告別……我們一起享受那個當下……如此而已，是我的教育夢。

二〇〇〇－二〇〇九

教育從單一到多元

聽著內在聲音造夢的四十歲

我走上同一條街，人行道上有一個深洞，我假裝沒看到，
還是掉進去。我不能相信我居然會掉在同樣的地方。
但這不是我的錯。還是花了很長的時間才爬出來。

——索甲仁波切，《西藏生死書》

	如玲的發生	教育界的發生	歷任部長
一九九九			一九九九年六月至二〇〇〇年五月，楊朝祥。
〇〇	接觸克里希那穆提（Jiddu Krishnamurti）。 獲「power 教師獎」。		二〇〇〇年五月至二〇〇二年二月，曾志朗。
〇一		年初，小學開始實施九年一貫，傳說「教育改革推動小組」將廢除，新聞局局長蘇正平宣布這不是事實。	
〇二	小女兒出生，請育嬰假。	行政院院長游錫堃表示：將提高層級，將「教育改革推動小組」改組成「教育改革推動委員會」，並擔任召集人。	二〇〇二年二月至二〇〇四年五月，黃榮村。
〇三	繼續研讀《明道易經》，再次「辟穀」喝水斷食二十一日，練習呼吸。	七月，台大教授黃光國和政大教授周祝瑛等專家學者發表〈教改萬言書〉提出十三種教改亂象，包括多元入學方案、教科書一綱多本以及師資培育與流浪教師。	
〇四			二〇〇四年五月至二〇〇八年五月，杜正勝。
〇五		由實習教師與流浪教師發起「拯救國教大遊行」，抗議一九九四年的師資培育政策失當。	
〇七	會議裡聽見內在聲音，句子是「不誠無物」。 開始全台灣分享班級經營，狂野寫作。		
〇八	獲「時報文學散文獎首獎」。		二〇〇八年五月至二〇〇九年九月，鄭瑞城。
二〇〇九	開始記錄自己的班級經營。	「七一二我要十二年國教」遊行。	二〇〇九年九月至二〇一二年二月，吳清基。

出版書籍 1.《教學魔法書 2：如玲老師的班級經營故事》，二〇〇〇年。

1

如果第一個十年的我在教室裡奮戰，那第二個十年就是跟自己挑戰。好吧！更誠實說，接下來這十年我真的感覺不太到教改了。也因這經驗，之後面對年輕老師（特別是育兒期的老師）說惶惶時，我都說免驚啦！惶惶很正常，尿布考卷齊飛時，怎可能不收驚？就算不育兒，一直換來換去又要趕鴨子進度的教育現場，不惶惶很難吧？那些看來大師女神類的，他們也都是抖抖抖惶惶過來人（哈哈哈，這形容真是好可愛又好激勵人的畫面）。

但我們若認出更惶惶的是無常人生，還有啥好怕？

所以，與其四處找人找方法安心，還是來想想如何安自己惶惶的心比較實在。

怎麼安？我後來發現到處趕場學新模組，有時帶來的是更不安。當然，學還是要學。但重點不是別人的模組，重點是認出自己是哪一組？沒人可以給出自己身上沒有的能量。那些不屬於自己的模組，用得再精熟，也隔層皮；那些自己無感的，看似啟動別人，但因自己都覺得乏味，更別說好玩，怎可能感動人？要知道啊！當我們惶惶，我們只能給出不安。當我們平靜，我們才有機會分享喜悅。

我曾陪過一個習慣自殘的孩子，我用最單純的圖騰陪他認識自己也認識家人，終於等到他信任，願意跟我說他看到的大人世界時，他才跟我說他是從小學開始自殘的，當他發現父母各有伴侶，發現這世界很虛假之後，他不相信他看見的世界。

人設雙標的父母以為他年紀小，不會知道。但他說：「不知道的是他們。」

心疼嗎？我很心疼這樣的聲音。這也是我漸漸不跟著教改忽上忽下忽快忽慢，還急煞車轉彎的原因。

怎樣？老師我就準備一屁股給它教室坐穩了、抱孩子先！那評鑑？那計畫？嗨嗨，我會做，但你們得等一等。這生命大河你知道多湍急嗎？嚇死人啊！除了得堅強老師自己心志，還要有體力撈幾個孩子（該我守護的那幾個），嘖嘖，師心不強壯？很難吧！

心是工畫師，能畫諸世間。心還能點睛，畫龍去飛天。

當師者心走單純，那些從單純裡來的孩子，一起飛天也就沒那麼難了。

我是這麼揣想著的，也是這樣開始接下來十年的個人客製化班級經營策略的。沒跟著教改，但開始在教室裡改自己了。

2

接下來這十年，我跟各種教改相遇的畫面大約就是這樣。

「九年一貫」你來了？嗨，你好！

「十二年國教」你也來喔？嗨，你好！

「教師評鑑系統」來了？嗨，你好……

我表達歡迎，但沒那麼投入了。

一方面因為經歷兩次流產，身心進入一個我不熟悉的狀態，胸口與頸椎常痛到喘不過氣，這問題讓我開始從冰山上的看見，潛入冰山下探索靈性議題。我記得有一回在書店讀克里希那穆提，你知道那次我多驚嚇嗎？那是第一次感覺書裡每個字都可以貼在紙上，小時候總覺得課本字都飄空中的我，一直到大學，還被媽媽說我黑白講，但我說的是真的啊！怎麼克氏的書，居然讓我體會到每個字都乖乖貼紙上，好安靜。

再來就是意外接觸道家讀經練呼吸，純粹二十一天白開水斷食的「辟穀」經驗。當年帶領我的是一個本來不識字的務農阿伯，他帶我們讀《大學》、《中庸》、《六祖壇經》、《黃庭經》、《達摩大師血脈論》，還有很多連聽都沒聽過的太極渾沌、洛書河圖、伏羲八卦，我聽得唏哩呼嚕囫圇吞棗一直打瞌睡，但好像也沒妨礙，而那兩次「辟穀」，竟讓我免去胸口與頸椎的問題。

當這些特別的體驗進到我的教學時，我好像看到一個比教改更開廣的學習系統，那個既專注個人成長，又與四周世界共振的學習，身心靈一致的學習，太吸引我了。

但調養好身體的我開始手忙腳亂育兒期，這讓才剛冒頭的靈性學習停下來了。

要知道出門前的職業婦女好精彩的！小娃娃總在出門前展現創意。「要便便」與「打翻水」是常見戲碼。拎著奶瓶楚楚可愛說著「頭髮痛痛」，是免費加碼。聰明如我者常用說故事搞定孩子。我能邊開車、邊不敷衍的說故事。我一下變聲小矮人、一下白雪王子、一下白馬公主，完全進入人生極致混淆版。有一次幼兒園老師來開車門接小孩，來不及換頻的我用壞巫婆聲線，鷹勾鼻哼出「謝謝您啊！老師」之後，再趕第一節去講〈赤壁賦〉，真的，整個人有大江東去崩壞感。

這崩壞，是這十年「教改天高皇帝遠，於我有何哉」的部分原因。而這十年也是我建構自己班級經營模組的重要十年。我一邊玩如何養自家女兒，一邊養教室裡囡仔。後來還分享如何「把兒女當學生教，把學生當兒女疼」的不正經正經教學法。

除了家庭原因，另一個理由寫在前作《認出光速小孩》裡，容我引用：

這些曾經響亮到讓心澎湃的教育改革口號，每隔幾年，就會有人來跟你說：錯了，都是某些人搞砸了。

知否？知否？說誰錯了，只要一句話就說完。但第一線老師看著一大群孩子，一句錯了如何說全那個擔心？如果你曾在陽光燦燦的操場看孩子奔跑的身影，你會知道教育從來不只是改革，你會知道「改革錯了」無法說得像「實驗失敗，不好意思喔！下次再來」。

那是孩子啊！

我自己在二〇〇七年離開這場隨時被說「錯了」的改革。我還是祝福教改改它的。我開始往內探索自我。不想再去批評誰做錯，讚美誰做對。我想去看自己想做哪些事情，（哪些事會）讓自己覺得歡喜。這樣的思維居然讓自我的力量一直長上來。往內認識自我有多深，就能和學生連結有多廣，動靜（開始）都（可以）是教案。

大概只有二〇〇五年實習教師與流浪教師發起「拯救國教大遊行」，抗議一九九四年的師資培育政策失當時，我才注意一下。因為它真的讓我心痛了一下。好吧！不只一下。因為回來跟我抱怨當初加選教育學分的不只一個學生。而這些學生很多是當初聽我說「快快快，新政策來了，老師之門大開囉……」的學生。

這個痛，讓我知道「共業」這個詞不是說假的。當我們允許任何一個議案，從我們的手裡口裡流動出去，我們也就要負起那個傳輸的責任，這就是共業。

3

我一直期待要四十歲，我想相信孔子說「四十不惑」是真的。但二〇〇七年，我四十歲了，我還是很「惑」？

當我和學生說著陶淵明時，我自己都懷疑是否真有桃花源？當我教文天祥時，我懷疑天地正氣真會流遍我和學生？當我跟孩子說著成功是給堅持的人時，我懷疑自己跟說《毛語錄》的差別何在？

那時，我常覺得站在講台說著忠孝仁愛信義和平時，孩子的眼光是穿過我的。

他們的眼光穿越我的身、我的頭，他們的魂飄出，接連了政治貪污（高學歷更知道高級犯案技巧），接連了社會版腥羶（父不父？子不子？師不師？生不生），接連了影劇版浮華（一個明星的背包，可能是父親兩年不吃不喝的薪水才買得起）。

與其說我在教書，倒不如說我想花更多心思在教室攔截這些四散的魂魄。孩子，回來，從注音解釋題解作者裡回來。回來，從默寫小考段考模擬考學測裡回來。

我開始對配合大局這件事情，意願不高。

而其實我一直是很配合的老師，有什麼活動都盡力幫忙的那種老師。我不太嫌棄自己的課表（應該也是不太會調課）。我通常是你交辦我就做（做完用紅筆完成一個刪一個，說是成就感）。但怎麼越來越有一種說不出的空。很像和一群人吃飽喝足，但因為聊不太來，飯飽酒足還是空。

還好二〇〇七年來了，它真的對四十歲的我很重要。我當它是自己的教書覺醒年，我得著一個機會從「配合」的頻率理走出來，我開始試試說「我要」。

這故事跟一本叫做《越讀者》的書有關。這本書又跟二〇〇七一次會議有關。

那次例行會議，我照舊提計畫。但當我坐下時，好奇怪，我內心居然分分明明冒出四個字，「不・誠・無・物」。我像進到一個空間，有泡泡隔開的空間，我在那裡，又好像不在那裡。我能感受內心覺得剛剛提的活動可能很棒，但我沒興趣，我不愛。我還能看見同事們坐的端正，但內心吊著好大鉛錘晃啊晃啊！

「好累。」我不也鉛錘一個：「這麼累，為何還要再來一個更累的活動，讓累更累？」

這一年我四十歲，我發現孔子沒騙我耶！四十不惑是真的。不惑不是全無疑惑，而是開始分明。不惑不是界線分責的分明。是各在其位，各成本事的分明。

4

那時候有一種奇怪的醒來感覺。那像是睡了很久，開始覺察到空氣不一樣了。像民初作家魯迅《鐵屋中的吶喊》嗎？被困在鐵屋子裡的人本不以為意，一日突然認出自己身陷黑暗，醒來了。

我第一次感覺到「我」能看著「我」。

那個我說了什麼？我剛剛說的那些活動，是我真心渴望它被創造出來嗎？

然後，我無厘頭的問身旁一樣進入四十歲的同事們，「我們到底是玩真的，還是玩假的？」沒人回答我。

於是我提議：「來辦一場自己真心渴望的活動好嗎？」

這真的是我在二〇〇七年的醒來經驗，不是睡夢中，而是在一個現實場域中。

有趣的是，當我跟好友鳳玲老師說時，我其實不知道我要幹嘛？

有趣的是，她後來跟我說，她其實也不知道我要幹嘛？但覺得就是好啊！

有趣的是，會議結束後，我走到樓下，遇到陳勇延主任（後來興大附中校長），他拿著《越讀者》，隨口說這本書不錯，可以看看。

我翻一下，沒太艱澀理論，只說閱讀要營養均衡，頗好，我說：「借我帶回家翻吧！」這下有趣的來了。剛剛說：「來辦一場自己真心渴望的活動好嗎？」但都不知道這個渴望要辦的活動是什麼的我，知道要邀誰了！

我們邀請的就是那本《越讀者》的作者——郝明義先生。也就是現在您在讀的，出版這本書的出版社負責人。

5

我其實不太愛讀書。一直以來，讀書只為考試。其餘，我信任阿嬤說的「一本通、萬理通」是真的，只要通一本，應該就足以應付繁瑣人世吧！而我真感興趣的只有三本：一是《心經》養身用；二是《大悲咒》急難救助用；三是《金剛經》修回天路用。誰知道《越讀者》居然讓我讀著讀著，眼睛像炸開一樣。視野一下子從原點拉出X軸、Y軸、Z軸，荒荒漠漠卻暗湧生機的空間現身了。《越讀者》把我拉入書的宇宙。像明師一點，認出雜書都不是空過緣分；各類書如血管一樣，正全力輸送養分給人；書裡看似零碎的知識，全是助人拚出自己生命版圖的訊息。

我開始狼吞虎嚥的看各種營養（或不營養）的書。從《喜悅之道》（*Living with Joy: Keys to Personal Power & Spiritual Transformation*）到《一個新世界》（*A New Earth: Awakening to Your Life's Purpose*），再到二〇一二年的《馬雅十三月亮曆法》……不夠不夠，我像餓很久的孩子，什麼都想嘗嘗看。這個越界閱讀的因緣一直到二〇一八年，我在郝先生的出版社協助下，出版《認出光速小孩》，一直到現在這一本，都是從《越讀者》那本書引動的。

而我總是很願意重述二〇〇七邀郝先生來文華演講的故事。當教育現場推閱讀策略與活動時，我很難不說一本書的引動常常不是刻意，而是來自渴望。你看有些英文不及格的男生，為了電競破關，拿一大本原文書研究，邊查電腦？哪來閱讀障礙？哪裡有態度不積極？就像不愛讀書的我，為了推「越讀活動」，根本是自願和同事展開一連串校內活動（沒事找事的意思），開心到忘記沒經費、沒名目，甚至完全忘記郝先生的行動需求，完全跳過文華根本沒電梯這事，只想著郝先生在三樓大禮堂的盛況，太開心了，哈哈哈！好，不要哈了，現實還是要面對。

解鈴真要繫鈴人，最後還是又由當初借我《越讀者》的陳勇延主任靈機一動，臨時協調大家，群策群力把郝先生「扛」上三樓演講廳，我在一旁邊懺悔粗心，邊感動這許多因緣相助，特別是鳳玲老師，那時她還沒有當主任，這場活動還讓我得到她這個可以無話不談到沒底線的朋友。

那一場我會記得平時只在禮堂暗處佇立，管理孩子秩序的老師們，全坐第一排。大家齊齊打開筆電或筆記本，抄寫的手沒停，因為郝先生火力全開，說足兩小時閱讀，結束後，還留下來和老師們繼續討論到快六點。那天是颱風要來的前一天。郝先生離開學校時，天色暗黑，風已開始有動靜。但老師們臉紅撲撲的，好像剛辦完喜宴要回家。我和鳳玲最後收拾完畢離開時相視大笑。

鳳玲跟我說：「我們現在去流浪好不好？」好可愛、好可愛。原來這就是充飽電的感覺。原來這是渴望被滿足的感覺。原來這是融進去一個流動的感覺啊！

大學時不太感覺四周，被歸類在自私的我，在這個體驗裡，感覺到「自願者」的力量。

那是看似服務別人很累的，但滋養自己巨大的「自願」能量。

6

這也是後來在班級經營裡，我會特別關注「自願者」的原因，我用這樣的信念，在班級經營裡帶自願的幹部們從三個向度玩班級：一要先處理個人能量培訓的「幹部就是千里馬」，二是到團體共事的「班會就是夢想國」，三則拉大視野，一起看見一學期的時空如何流動的「期初期末始終歡喜」。這些源自自身經驗的班級經營模組都是來自「自願者」這個概念。「自願」是一個心甘情願還微微笑，好吧，有時也是傻傻的……融入一個流裡的畫面，然後聽著心的節拍往前一步，往左一步，一步步，看似各跳各的舞，但又一起同樂，這讓大家都好舒服啊！

什麼叫做融入一個流裡呢？

我記得二〇〇七年郝先生演講完後，讓我們提問。那時的我緊張到像小粉絲被點名一樣抖抖抖抖不停，但還是問了，我問：「為什麼當初會知道要來台灣？」郝先生想都沒想，說：「就是知道啊！」說真的，我當時覺得這位偶像有答跟沒答一樣。

真的很高興人會老，因為慢慢長、慢慢老、慢慢會知道「就是知道啊」是真的。那是靈光一閃後，去行動才知靈光閃動「真的假的」的生命練習。

那個知道可被分析，有時也無法分析；能釐清，但不釐清時，又在渾沌裡尋著大力。

那是懸崖邊縱身要躍的孫猴子。那跨出去半點的腳，真敢確定觔斗雲來接嗎？萬一雲不來呢？萬一來了，差一秒，沒接著呢？這一下去可就不是鵬程萬里，是碎屍萬段了。但，若不出那半步，那風起雲湧要怎麼遇？那金箍棒掄起要去哪？

但……若真沒來呢？

那就再來啊！

生生世世總要練習一下乘坐觔斗雲吧！腳踏車都要練了，觔斗雲不用？

「就是知道啊」的美妙就在這裡吧！就是知道想騎腳踏車；就是知道要辦這場活動；就是知道要來台灣……和就是知道要觔斗雲，都是一樣的魔法。

一個讓靈魂練習「敢」，習慣「探索」的魔法。

除了班級經營，這個關於「自願」的能量，我還用在作文教學。我從傳統起承轉合的作文教學跳出，開始教學生聽自己內在聲音狂野寫作，從指導孩子寫，到自己跟著寫，從被懷疑這樣沒法幫助作文，到最後我堅定說「創作只為與生命作深深對談」。我自己練習，也鼓勵孩子練習為自己的「就是知道啊」的靈光一閃，付出力量去實證看看。

雖然看起來在二〇〇七年前，一些比較響亮的教育界獎項我已經拿完了，但我必須誠實說，我的教書歲月真的是在二〇〇七年後才好玩起來的。那真像半步跨出，其實也不知道下一步規畫是什麼，但「就是知道啊」的喜悅帶著冒險，從花園起身，走入叢林。好玩的來了；不好玩的也來了。

7

教書的第二個十年，還有一個故事得談談，因為這也和我前一個十年的經驗不一樣。

二〇〇〇年自薦參選而獲得「POWER教師獎」的我，好像玩夠了，只想專注班級，對比賽得獎其實沒有太多興趣，但學校建議我們組團參加一個教育界評鑑。我記得我們是最後一組，我能理解評鑑人員一整天下來很累了，又發現我們居然錯估報告時間時，顯然最後一點耐心用罄，評鑑人員開始用手揮趕我們下台。我看著那個揮趕的輕忽，又看著那段時間不計時間成本自願參加準備與討論的夥伴……突然，那個常被說人很好的我，火上來了。但，這是比賽場合，火什麼呢？和評審發脾氣嗎？但我真的氣耶！我氣的不是要我們下來。我氣的是那個「揮趕」。

我沒下去，我站著，看著評審，我決定把我的生氣說出來。我說：「我知道評審很累，但你們都是各處選來評鑑我們的長官，應該都是很有力量的長官，你們應該知道今天這些從各個學校來參加比賽的老師，都是自願的。你知道自願多可貴嗎？我們可能不優秀，但我們應該可以說是認真。當我們時間到了該下去，你可以好好請我們結束，下去。而不是像這樣用手揮趕。」我有忍住沒說揮蒼蠅。因為我還有話想繼續……

我說：「你知道嗎？這些都是會被學習模仿的。如果我們也學會這樣的態度。將來，我是說……將來如果有機會教到各位的孩子，請問，我們也可以這樣揮趕你的孩子嗎？」

哈囉，這位太太你是在威脅嗎？你知道現在是比賽嗎？（雖然一開始就知道無望了。）

這真是我教書史上最詭異的發神經，真的僅只一次。後來聽說現場幫忙錄影的同事說他聽到我說出他心底話，想說要好好錄下來，但這可有趣了，回去一看，整片黑烏烏的，啥也沒錄到。

我開玩笑說，應該是火燒壞了。

這就是我教書的第二個十年。

四十幾歲的我，出版班級經營書，辦了些我真心愛的活動，開始兩百五十場的校外邀約演講，自己得了些書寫的獎，也陪伴幾個孩子得獎，陪兩個女兒說故事玩遊戲，煩惱身形變中年之外，還得常和老公抗議愛情成分越來越稀薄怎麼辦這種千年無解的議題。

天哪！歹勢，我真的沒力氣注意教改你改到哪裡。

但對於班級裡各種改變我倒是興味盎然，比如怎麼透過教室布置，召喚設計魂的孩子現身；透過廁所五星級打掃，召喚未來 CEO 接手；透過一對一午間亂聊，試試幫可愛的輔導室爆肝老師們，承接一點點孩子的情緒。

我很忙，真的很忙……

啊！還有還有，還有開始很好奇：那個教師評鑑到底在評什麼？我很期待被評鑑人員抽到，因為我可以問：「如果把我打劣等，有人會用方法幫助我嗎？有經費可以補助輔導我的人嗎？」

我通常得到答案是哈哈哈。我也跟著哈哈哈。

我覺得很好玩，又不覺得好玩。

二〇一〇－二〇一九
教室從 Time is money 到 Time is art

學習馬雅頻率生活的四十五歲

我走上同一條街。人行道上有一個深洞，
我看到它在那兒，但還是掉了進去……這是一種習氣。
我的眼睛張開著，我知道我在那兒。這是我的錯。我立刻爬了出來。

——索甲仁波切，《西藏生死書》

	如玲的發生	教育界的發生	歷任部長
二〇一〇	完成班級經營套書《為班級多孵一個夢》共三本，繼續演講。 八月，請侍親假。	有志之士繼續推動的專業學習社群（Professional Learning Community, 簡稱 PLC）強調教師透過共同目標、願景與不懈的努力，提升學生學習之成效。流行的口號是「一個人走，可以走很快；一群人走，可以走很久」。	二〇〇九年九月至二〇一二年二月，吳清基。
一一	家人生病。	啟動十二年國教，部長吳清基表示，十二年國教希望國中教育會考與升學脫勾，但也不反對各縣市升學採計會考成績。因此被批評會造成「一國多治」。	
一二	陪亞斯學生跑步。 第一次接觸馬雅圖騰，開始用在生活與教學，陪伴家人與學生。	台北市長郝龍斌從二〇〇六年推動的北北基一綱一本政策年宣布停止。	二〇一二年二月至二〇一四年七月，蔣偉寧。
一三		針對「單一縣市超過兩所國立大學且學生數低於一萬人」之學校推動合併。 從美國流傳過來的「翻轉教室」開始流行，主張把學習主體還給學生，讓天賦自由，要因材施教。同年九月張輝誠老師開始提倡「學思達教學法」。	二〇一四年八月至二〇一六年五月，吳思華。 二〇一六年五月至二〇一八年四月，潘文忠。
一七	和墨西哥薩滿學習太陽曆法。 開始一對一圖騰預約對談，認出各人本自俱足的五大力量。 第一場馬雅觀點融入教學的演講，在新竹中學，由藍風暴能量的 ANNA 老師主辦。	終止二〇〇七年啟動的教師評鑑制度，轉型為「教師專業發展支持系統」。	
一八	出版《認出光速小孩》，記錄馬雅觀點陪伴學生的二十個圖騰故事。		二〇一八年四月至二〇一八年五月，吳茂昆。 二〇一八年七月至二〇一八年十二月，葉俊榮。
二〇一九	獲「杏壇芬芳獎」。	〈十二年國民基本教育課程綱要〉實施，俗稱〈一〇八課綱〉起跑。	二〇一九年一月至今，潘文忠。

出版書籍

1. 《班會就是夢想國》，二〇一〇。
2. 《幹部就是千里馬》，二〇一一。
3. 《期初期末始終歡喜》，二〇一一。
4. 《認出光速小孩》，二〇一八。

1

進入教書第三個十年的變化超乎我想像，如果用起承轉合來說，第三階段的「轉」，轉得我頭暈。但也把我轉到一個我從沒想過的生命維度。

在老師這個身分中，我完成二〇〇七年以來的經營記錄，出版《為班級多孵一個夢》套書，還和同事將「狂野寫作」教學記錄整理成書，開始兩百五十多場關於班級經營以及寫作的演講。

在家人這個身分中，我的長女角色正經歷陪伴生病家人的故事，這是一段很多很多眼淚、很深很深掙扎以及認出的學習。但也因此，我開始更大量閱讀與學習。

當時的我光流眼淚都來不及，要到後來才認出這是一個隨順的練習，比如本來請侍親假要一邊陪爸媽和孩子，一邊演講才不會太累的我，真正陪到的卻是生病的弟弟；以為要解自己生命的惑——我不懂這麼好的人，怎麼會有那樣爛的結局，我想知道老天爺真的有在上班嗎？沒想到這些解惑過程不只幫我，還擴展到學生、老師，在一次次對談與分享時。

都不是我大腦想的，巧合是故意安排。這是我第三個十年體會最深的。

這也讓我理解為何我有個名字叫做Joana。那是一次在工作坊裡，根據外國老師說，是從空中為我取下的。我喜歡他的念法，老師說這名字意思是「星子守護者」，不唸作月亮女神「喬安娜」，「安」要發「阿」的音，南美風比較強。

後來介紹自己時，都會開玩笑說：「我是『就按捏』的Joana。」台語「就這樣，不然要怎樣」的意思，學生建議我翻成「酒阿娜」，說比較符合我氣息，很有豐年祭的感覺。而對我來說，二〇一〇開始的十年，我常常是兩手一攤，完全就是「『就按捏』，不然要怎樣呢？」的Joana，不然要怎麼熬過呢？

我不確定這名字和我學習「十三月亮曆法」，以及後來去墨西哥有無關係？但我從教書以來，的確常常在講台上看學生時，會覺得眼前這些孩子就是「滿天星子落紅塵」，坐講台上的我，常覺得我是「特來守護你回天」，自我感覺有點太好的酒阿娜。

只是要回天，我還真是乏術。

但回到自己還可以，比如藉由讀書、書寫、畫畫一點點認出自己，我認為還行。

我沒想到的是，月亮曆法裡的圖騰，後來真成了我陪孩子認出自己力量的工具。

它讓我從Time is money的機械頻率，轉入Time is art的自然頻率。時間對我而言，不再只為了掙錢與計畫。時間就是藝術，任何一個創造都是來讓時間完成藝術的關鍵。

而我和你、和我們、和每個孩子都是來創造與享受藝術的。

時間無分過去現在未來，當下就開玩！

而這樣的思維，讓教室與家庭兩頭忙的我，生命的頻率慢下來。

創造怎能急呢？藝術怎能不等待？帶孩子是藝術，陪伴家人是藝術，等自己情緒從高峰轉平坦也是藝術。更有趣的是：看似慢下來，但卻因為慢，而變得專注；因為專注，於是開始看得見關鍵時機；因為看見，於是旁人看著，以為你好運，其實你是精準。

2

但說真的，回憶二〇一〇年，女兒長大了，我又開始跟上教改了，第一個感覺是洋化了，好像活動開始多用英文縮寫代稱，我比較有印象有的兩個，一個是常被我念成LPC的PLC，和聽起來很厲害、但有罐頭味道的SOP（Standard Operating Procedures），教育現場很流行一句話叫做「一個人走，可以走很快；一群人走，可以走很久」。

ＰＬＣ還滿有趣，它有點像將官方主辦的研習，下放老師自主組隊辦理。什麼名目都好，只求每個人都要參加。這一時，各種社團來了，可咖啡、可插花、可打球、可生死探索、可專業研究。隨你意，願就好。我在這些ＰＬＣ裡補充探索與玩的能量，真的可以看到老師們活過來喔！ＰＬＣ的意義對我來說就是「渴望」啟動，玩真心想玩的時，創造力就來了，這對老師們太重要了，即使有時候看起來像是一群老師在閒聊，但是互相陪伴的效用絕對超乎想像，大腦科學專家洪蘭老師不是建議：ＡＩ時代，人類最好多透過聊天交流，從大腦科學來說還能增加「催產素」呢！

至於ＳＯＰ，我怎麼聽還是怪。

它是工業革命後的產物，意思是「標準作業流程」。這幾年商業思維進入校園，ＳＯＰ被大大使用，好的教育事例被傳誦之後，列出操作流程可複製。這的確很能幫助工廠運作，產品輸出，按部就班，步驟讓失誤減到最低的方法的確有效，但孩子和老師是罐頭嗎？

它的確也讓複雜事情簡單化，簡單還能重複做，是協助集體改變，最便捷的方法。

但，我好奇，一直提倡個別差異的教育，改革卻老走集體，是為何？

更有趣的是：下個十年，不但厲害又玩億遍也不厭倦的ＡＩ要接手世界了，而我們在教育現場還要那麼用力研發ＳＯＰ嗎？標準流程讓取代變得更容易，我們要不要花點力氣，陪孩子認出自己比較不容易被取代的面向，比較要緊吧！

我教國文，就用國文舉例。請ChatGPT寫一篇大考作文，不到十秒文情並茂來了！更挑剔要它加名言，還要引用權威，要A++水準，哇！不到五秒就生成了……

請問教學生起承轉合以及鳳眼豬肚豹尾的功能要如何？有沒有可能教會它如何問：小哉問生活，大哉問生命的方法，更有用？學會如何下指令給ChatGPT，出來的答案比較有機會與眾不同，難被取代呢？

3

自由意志跟ＳＯＰ比起來，我會選擇自由意志。它能帶來覺察。

沒覺察的教室，停滯如死水，即便成績燦爛，人一片沉沉。

企業管理很好。但它進入教育時，是否也跟著把「複製成功」、「連鎖獲利」的信念植入校園？於是治校績效越來越要求數據，方便量化。

而自由意志很難量化。

數據在商場用「業績」看最快。那在教育呢？用「成績」看對嗎？如果代表「業績」的數據的是「錢」，那代表「成績」的，要用你的「孩子」嗎？算？照數據算，當然都很好算，數字超會幫我們算的啦！但只要陪過孩子的老師一定同意：很多學習績效能算，但更多是算不出的。

午休時邊吃飯邊聽學生聊苦悶的老師怎麼算？驚惶萬狀衝頂樓，把再〇．〇〇〇一秒就消失的生命攔截下來的老師怎麼算？「愛」怎麼算？「人生」怎麼算？

來說一個老師走廊追校長的故事好了。從前從前有一個老師，在一個嚴格執行導師要看早修的學校。他們的校長巡視時，還會拿本子記錄出缺。他本人其實很愛清晨到校，弄弄花草，看看打掃，跟早來的孩子說說話。

但，悲慘的事就發生在某清晨。當日他一如平常看早修，卻臨時腹痛如絞，在廁所奮戰許久。等他出來時，居然看到校長依照流程正在小本子上登記他未到。

天哪，這怎麼可以？他想到：被記點了！這怎麼可以？他一直是甘願歡喜來早修的，從沒要記功嘉獎，現在反而被記點？

他開始小跑，想去拍校長肩頭說：「我有到……」但跑到一半，又覺得這樣好幼稚，又停下來，停不到半秒，又不甘心，明明自己一直都來看早修，這不解釋，不就汙了自己什麼嗎（我們聽得好緊張，問他到底汙了什麼？他說他也說不上來，反正就是……說不上來），就這樣往前又跑又停，跑跑停停中，看著校長背影消失了。

「然後呢？」我像聽了一齣告白未完成的戲碼，問他。

「然後，」他說：「很奇怪，來看早修的動力沒了。」他說來了也只想著別被記點。真是一個比傷心更傷心的故事，關於滅了「自由意志」這件事。這也是第三個十年裡，我常想的：「一個人走，可以走很快，一群人走，可以走很久。」是真的。

但如果，「一群人走，走錯路，走那麼久，按呢敢好？」

但如果，「一個人走，走很慢，但走自己，這樣不好嗎？」

4

其實一個人或一群人都有機會走很遠，很久；有沒有SOP都有可能創造精彩。

重點是自由意志帶來的覺察，覺察是自己造作時，會承擔，易持續，更有創造力。

比如上面那位喜歡早修的老師，假以時日，又加上自發性記錄，他會看見自己在早修上的創意值如恆河沙數。當沙數累積到一個量時，他還能看出專屬自己的ＳＯＰ，因為源自他的自由意志。這種ＳＯＰ將能同時滋養師生。老師因熟悉模組而感輕鬆，學生因模組完整而得更完全的陪伴。就算數量還不夠大到能長出ＳＯＰ，光是邊創造、邊記錄，也很快樂。

我看過整學期幫學生手作各式早餐的老師，這讓備受感動的我，問出他的ＳＯＰ後，決定捲袖跟著做，但我要不是忘了做，就是做到讓學生驚嚇萬分。一直做到有一天，學生來說：「阿嬤，輪到我時，可以用買的嗎？」她指指隔壁拿著充滿糊糊愛心三明治的同學……好的，我秒懂：這感人的早餐，我做來笑果十足，但絕對不是我能幹的活兒。

對於一個從小習慣配合大人的我來說，自由意志是我教書第三個十年裡關注的。這個好不容易開始關注自由意志的我，卻遇到二〇一〇年後翻轉教育最熱烈的時刻，這怎麼辦啊？聽著「跟上跟上」的訊息在各種媒體與研習推廣，原地站著不跟上的啊！你很容易被歸到跟不上那類！這種說跟不上，就像承認自己沒能力，這焦慮，要怎麼辦啊？

就說，不跟了。我也許就根本不是這條道上的啊！跟哪一國的啊？

好吧，我就是選了那個不跟的那一組。但我真真真心感佩翻轉教室的大力，也認認認真想過要不要跟？答案是不想。

並不是翻轉好不好，翻轉一定跟教改一樣一定會協助到需要的生命。但越來越清楚我擅長給出是什麼，特別在學習馬雅之後，更清晰知道自己愛的是把生命花在自己歡喜的地方；還非常確定，當我歡喜，我越能陪伴孩子去探索他們的喜悅創造能量。

而這也是我希望看見光速小孩們，在這訊息爆炸到不分真假的時代，至少確認內在聲音是此刻真實，然後在穩穩天地裡站好的練習。

與神對話很神奇，但跟自己對話要練習。真的愈專心傾聽內心，心聲就愈發清晰。

5

還有一個印象深刻的應該就是教學評鑑了。

二〇〇七年開始推的教師評鑑，到二〇一二更沸沸揚揚了。我也不是不給人評鑑，只是怎麼看，這評鑑方式也太特別。比如初階評鑑，規定老師自主上線看（很像黑白電視上的莒光日教學）宣導，還附貼心防瞌睡設計，規定「快轉」就不給過關。

看完接著做小測驗。問題是題目都一樣，這根本是來考驗老師人性吧！繁重工作下，想不作弊都很艱難。交情甚篤的老師互相幫小忙，約好輪流看電腦，一人分飾十個控制後台，管控答案全對是很自然的，畢竟那個題目也沒有很難。

這樣投下大筆經費的評鑑，到底要評出什麼？真能看出不適任教師？

我很好奇，但這個階段的我已經又重新接軌教改，快跟著跟著。我彷彿又回到剛出校門時，聽教育列車風風火火喊上車的如玲，關於「要集體才安全」這個緊繃感，真真實實再一次發生在我教學生涯裡。心裡明明覺得沒意思，但還是沒長全那個膽，我再次掉進教學現場裡「怕跟不上的緊繃」！跟上，因為聽說教師分級制來臨（聽來很專業，但又很像虎姑婆要咬人，警察來抓你的感覺），我怎麼想，都覺得應該不能連初階評鑑都沒過吧？

這種一不覺察自由意志可貴，以為「跟上團體，才安全幸福」的錯覺就來了。

這十年，大團隊結盟共享資源概念不也進入校園？越來越多跨校結盟的確可以一起推更遠，但一定要一起嗎？自由意志升起時，單飛如何？有無可能，在愈來愈求客製化的時代，孩子更需要有單飛經驗的前行者來說：「放心，單飛照舊行，免驚！」

一直跟著團隊指令奔走的老師，不曾經歷因著自由意志引動的學習或創造，能一眼認出眼前，在自主學習裡停頓的孩子嗎？能辨識出這狀況是懶病大發作的放棄？還是大風將起，蓄勢待發的休憩養神嗎？

認真接受被評鑑的我，認真做題目，認真研習，但最後還是沒通過。因為弄錯研習順序（這真的很如玲 style），有一場不算成績，就算該看的影片看了，該寫的選擇題寫了，還是無法進階。而我沒力氣繼續跟了，我選擇先下車！

不過，它自己也沒繼續了。二〇一七年教師評鑑宣布結束。

不然啊！退休前我會是那初階未過關的老摳摳老師。

6

沒繼續跟教師評鑑的我，注意力從教改潮裡轉出，繼續三件事：一個是放下班級經營模組，我開始記錄班級能量的流動；再一個是讓狂野寫作與制式作文結合。白話叫做怎麼讓孩子亂寫，大考還去拿高分；最後一個是學習馬雅文化，開始試著將「認出」與「陪伴」的概念，帶入班級。

學習馬雅和運動專長的弟弟中風有關，我的動機很簡單，我要去書裡尋個說法，關於這麼善良的弟弟，老天你怎麼可以這樣對他？馬雅傳說中的二〇一二末日年，其實是個誤傳，沒有末日，只有下一個維度的擴展而已。但對我來說，那是一個真實的末日，因為我正在經歷弟弟的身心靈風暴。當曾經擅長運動的弟弟中風後，在夜裡，用單手拖著他喜愛的一台台自行車恨恨地往外扔時，我怎麼也大哭；那個幽默風趣愛搞笑的弟弟在做復健時，任憑左腳如何使力，也跨不出去半步的憤怒時，我怎麼也憤恨？

馬雅人說「In Lak'ech Ala K'in」（你是我，我是另一個你），在陪伴弟弟的過程，我知道這句話是真的。而二〇一二年還沒接觸馬雅的我，不知道如何陪伴，我只想給出我想給的，我沒有看見他想要的，我急著要他進入各種修復，我比他更希望一覺醒來，我弟弟已經是以前那個弟弟。

結果有一次弟弟恨恨的握拳搥打自己的腳，一拳一拳打著那個曾經山裡來海裡去的腳，我眼淚忍著，還繼續為他唸《喜悅之道》，那是那個禮拜我想帶他讀的，一本影響我很大的書，我記得他吼我的是：「什麼鬼啦！什麼喜悅之道！」

朋友都說我堅強。曾經我也以為我是。後來我才知道這種堅強一點都不堅強。這是強忍：壓住！壓住恐懼！壓住絕望！壓住期待！壓住渴望！通通壓住！強忍的後面其實是控制，控制的後面其實是恐懼，我好害怕失序。

這個怕失序的我是小時候那個很會識人眼色，會收好情緒的我。而哪個小孩願意這樣控制情緒呢？我沒辦法啊！遇到爸媽吵架時，我其實是個膽小鬼加愛哭鬼，我通常會先躲到小棉被裡哭，但我哭很快，因為我老記得媽媽說我是大姊，我會趕緊哭完，因為得去照顧比我更小的弟弟妹妹，我擔心他們也像我一樣害怕，我很愛弟弟妹妹，我不要他們像我一樣害怕，所以我總是好快哭一哭，趕快讓自己從被子裡出來，姊姊在這裡，我來陪你們了。

後來才知道，真的是自己想太多。

弟弟中風後，我和弟妹有幾次深談，回憶與意見相左時，吵架也是不能避免的，有一次我聽也快五十歲的弟弟妹妹跟我說我才是長不大、看不清楚狀況的人。我聽得愕然，之後是憤怒，之後是眼淚，還好眼淚流幾次就發現，沒錯，他們說的是真的，我真是那個很愛演家庭鄉土劇的大姊啊！

然而二〇一二年的我是看不到這層的。我只是一直覺得自己是被放入攪拌機裡打碎的靈魂，我想快速恢復正向積極，但面對明明相愛的父母，老在婚姻裡痛苦（後來才發現，爸媽是用吵鬧證明愛的模組）；明明身強體壯的弟弟卻在中風的痛楚裡哭泣（後來才發現，真的堅強的是弟弟）；我像個敗將，提刀無能（後來才發現，在家裡沒事提刀是要幹嘛），而曾經幫助我的「堅強」開始像個骨刺，還是整排的，表面上看起來像是來支撐著我，其實已經穿過皮肉插在我身上，我的肩頸很痛。有一陣子，我的肩頸痛到需要每週按摩才能舒緩，後來才知道這表面上的疼痛，要傳達訊息給正在「拒絕對問題做多面的探討」的「固執」的我。

原來當「堅強」在力氣還足時，很多情緒可以被整整齊齊收起。一等到沒力，收不起來了，崩潰來了！完全斷電到像拔掉插頭。這如果在個人，最明顯就是身體出問題，如果在教室裡，就會像是那些關於失控的師生故事。

而我在學習馬雅的共時經驗中體會到：有時看起來像失控的，其實正在順流。不必每次迎風逆行都叫做堅強啊！有時順流而下更需勇敢。因為那裡面還得有一種對天地的信任：我敢信任這一切都安排好的嗎？我願意帶著覺察與感恩看著這一切發生，真信行到水窮有雲起？真有路轉溪橋忽見的好康？還能在該一步向前時，義無反顧承擔？在不需往前半步時，退下萬里無懼人言嗎？

陪伴弟弟和陪伴學生時很像，所有修復與進展，都得從接納現在當下眼前的開始。

但那又不是接受「命定」。命不會被誰定，命都自己選。順流是接納，是知命。順流是練習「運命」，像去認出一個潮流，熟悉起伏後，開始運作，練習制命。練習這次潮來，是要隨波上下，暫保精力？或就奮力一躍，乘風破浪？

我練習著馬雅藍風暴圖騰的教導，接納自己就在風暴裡，放棄抗拒與怨懟，既然無法控制風暴的進度，就練習在風暴裡把眼睛睜得更雪亮，看看何處起因果；再把腳步站更穩，不斷不斷放下那些目前能察覺到的身心靈上背負的種種，試試有無可能讓自己更輕更清的隨風暴往更高的維度上去，再往上。

雖然失敗的機率實在很大，但是偶而在情緒風暴裡沒有被拖下去時，真的會給自己按讚。

這個看見對於我和學生的相處，又是另一個轉變，我更能直直接納學生的狀態。有一次在課堂上，一個一直彎過身到後桌聊天的孩子，就在我好意（好吧！我承認我也有一點仗著平日交情不錯，想鬧一下）拿著鉛筆盒拍一下他肩膀時，他整個暴走大跳起來，轉身秒要給我巴掌，這真的是非常標準的風暴吧！但那一秒，我半點沒有還手的念頭，只直直覺得這巴掌不可能是真要打我的，然後一下就進入好安靜的時空，我能看著巴掌靠近，然後收手轉彎，半點沒動到我，滑過我的頭了。真真驚險萬分到全班噤聲。我後來花了半節課處理這件事，我沒罵誰，我一臉驚魂未定的說：「剛發生什麼？」我直直問。

這一問，才知道他的肩膀有以前被人從後面用鐵盒打的記憶（印痕）。我拍那一下，勾起他憤怒記憶，但他說看到我時，他立刻收手了。

我記得下課時一個孩子傳來紙條，說謝謝我剛剛那段處理，因為在他的讀書記憶裡，這種狀況都是罵人或記過收尾……但「老師，你讓我看到平靜處理」。

但，我不全是平靜啊！我不是生來就平靜的老師啊！孩子，我也是練習來的。教室裡真的都是學習者，挫折榮譽悲喜起伏都一直在練習與體驗著。

我正在教的，剛好是我需要學的。

你哭著問的，剛好是我體驗過的。

至於我諄諄說予你的，其實是我也好渴望有的平靜啊！

7

關於星際馬雅十三月亮曆的探索過程，應該是從二〇〇七年《越讀者》帶來的大量閱讀後，再一次感受自主湧動的大量閱讀力量。我會記得從書店取下書的那一刻；我會記得看著陌生又熟悉的兩百六十個圖騰的激動。這和二〇〇七年的激動如火不一樣，那是喜悅安靜的水。我當它是我這輩子閱讀旅程的第二回合自主學習。

我模模糊糊著讀，不確定讀進什麼，但又約略知道它在說什麼。發現世界不是只有一種解讀角度。而馬雅圖騰好像傳來開門聲。

一開始我照書上寫，三分笨拙七分直的說圖騰給救回身體心靈受苦的弟弟，陪他去認出他心底深處的老鷹。這個過程有很多抗拒以及眼淚，二十幾歲時的我若寫到這裡，一定會寫著類似公主與王子的結局。例如：「你看，弟弟就因此復原了，他能開車、能旅行，還參加殘障奧運的選拔，好棒啊！過著快樂的日子了。」但快要六十歲的我不會這樣說了，因為你真的看過靈魂與身體如何一點一滴築基打底復健的過程，你會很尊敬任何一種結果，那是來自時間的魔法，而魔法的進度不是旁人議論的，得當事人說了算。旁人除了尊重，就剩陪伴。

有一次，弟弟表演用他不好使的左手，拿指甲剪剪右手時，還調侃我，問我說：「怎樣，這個算是馬雅的老鷹能量嗎？」我大笑：「好喔，你厲害！」

我的確用圖騰陪伴很多老師與學生。而弟弟仍然對我吐槽多於信任。但那又如何呢？都在體驗，都是練習而已，我越來越不不像大姊，被吐槽和被照顧都很坦然。

學馬雅也是一個練習，練習用不同的維度解讀世界，再嘗試說予別人。

我去花蓮海或擺攤；在各種研習中，從偷偷說點馬雅到正式變成課程與學校營隊。對老師和學生分享我驚喜連連的馬雅經驗；有機會就說團體運作的班級經營模組要過時了，接下來帶著覺察能量，和孩子深談，協助他們認出個人力量，這才能讓未來的班級真實凝聚。

因為當孩子認出自己，才能各在其位；各在其位，才能各展其才。這讓看似個體自由發散的團體，透過真實的展現，會帶來更深的接納，接納之後的凝聚才是真凝聚。

我還將圖騰融入狂野寫作，解鎖孩子緊閉的「情感右腦」；更將與學生對談的記錄，選出二十篇圖騰說各個印記認回力量的故事，書名就叫《認出光速小孩》。二〇一九年去墨西哥羽蛇神金字塔，我帶這本書去和金字塔合照，好像帶孩子回鄉，很微妙的感受。

甚至在退休後，繼續讓更多老師在工作坊和讀書會接觸圖騰「好玩、喜悅、平靜與豐盛」的力量；繼續在學校舉辦青少年圖像識讀的營隊，與選修課程。這些課程的基底還是用「圖騰」，與「馬雅文化生活觀」當主軸，我分享我真的享用到的好玩。

這時候，又得感謝教改改啊改的改到這裡了。

說教改風風火火又零零落落，但不得不說：若不是風火與零落，增加各類別，又怎能讓馬雅這樣的圖像課程，在多元選修裡有名有目？若不是各種專案來申請寒假營隊，又怎能讓過去這些不可能出現在部定課程的內容，來陪二〇〇〇年後出生的光速小孩？在左腦強大的ＡＩ時代，反向探索右腦的力量。

真的是要隨順與臣服因緣啊！

很多時候，真不知道哪個點會連到哪個面。還是真誠做自己吧！

那裡埋著機會，藉著共振與物以類聚，會連結更多同頻的人事物，真是好玩的體驗。更好玩的是，看著體驗馬雅圖騰的年輕老師越來越多。看著他們越來越鬆，只因認出自己，清楚了，該承擔的，再累也擔；不該擔的，躲著也心安。藉著圖騰帶上一份覺察，於是喜悅平靜，於是好玩，這不就豐盛嗎？

8

這就是藏著我失序故事的十年。

這十年，我多了一個看世界的維度，重整我的內在世界。這十年，還看到班級經營小祕訣大量而快速的被分享出來時，我總會想到一九九〇年畢業後那些年，和大學同學呆呆土法煉鋼，埋首編輯班經小點子的樣子，也沒什麼設計，還自己寫步驟，比如「怎麼讓學生上課不睡覺」，或「如何防止學生想當萬年班長」等，好可愛的解決著。五十幾歲的我幾乎快忘了自己曾在畢業第一年時，回母校時還哭咧！

當年演講時老說著好渴望有一日，看見那些本來被台灣老師們揣在懷裡、自己帶班的、本土的獨門祕技分享出來，一個一個，好似夜光石，從緊握的手裡，一放入夜空，就是滿天星子，隨人歡喜取的夢，真的實現了，雖然跟我也沒啥關係，但還是覺得超美，超感恩的。

追記：第三個十年的變化，連我這個不看新聞的人都感覺世界速度飛快。至於地球是不是真的變快？為此，我還真去查一下地球有沒有加速？結果發現，科學家實測地球自轉，是真的有加快。二〇二三年六月二十九日，速度比平時快一．四七毫秒。二〇二〇年七月十九日，更快了一．五九毫秒。

二〇一九－二〇二二

世界從文字重返圖像，AI 合作開始

歸零重置的五十二歲

我走上同一條街。
人行道上有一個深洞，
我繞道而過。

——索甲仁波切，《西藏生死書》

	如玲的發生	教育界的發生	歷任部長
二〇一九	獲「杏壇芬芳獎」。 前往墨西哥。 第二次擔任舞蹈班導師。 婆婆過世。	〈一〇八課綱〉上路，課程涵蓋「知識」、「技能」、「態度與價值」三大範疇，融合成為「素養能力」。 國小、國中和高中的校長，以及每位教師，每學年都至少要進行一次「公開授課」。包含共同備課、觀課、以及議課三階段（佐藤學觀點）。	二〇一九年一月至今，潘文忠。
二〇	日蝕之後，頸椎壓迫神經，左手無法舉高，必須躺平，身心靈經歷一場巨大（疼痛）變化，剛好練習用所學各種方法，覺察內在，體驗外境，同時感恩各處協助，最後沒有做任何手術，恢復正常。 媽媽過世。		
二一	車禍，右肩骨裂，右手無法舉高，繼續覺察自己，繼續接受協助，最後依然沒做任何手術與復健，恢復正常使用。 開始用十三月亮曆法的圖騰，在多元選修課程裡，開設「圖像識讀」課程。	五月因新冠疫情，教育部宣布全國各級學校停課，改採遠距線上教學，停課不停學。 二〇二二年十一月 ChatGPT 問世，教育界第一次教改是無需透過上面（教育部）指示，或下面（教師自主）翻轉，集體需要（被動）進入（運用AI或是被AI運用）的「與 AI 共生」時代。	
二二	青少年馬雅營隊開始至今。		
退休後	教師「認出・覺察・順流」馬雅一日工作坊開始。 Joana Maya 讀書會開始。 舉辦線上圖騰書寫／十三月亮曆點亮開學日線上調頻／一個我也不知道下半場會玩啥的那種人生開始		

1

二〇一九年，十二年國教（〈一〇八課綱〉）正式上路。第一線教師如我者，常因「上」意難測，明明也跟著教改、跟著先備，跟著跟著卻跟到坐雲霄飛車一樣，平順爬坡也有，甩尾俯衝也不少。不過，習慣驚聲尖叫幾次後，就冷靜了。

除了因為得長出《海賊王》（*ONE PIECE*）魯夫一樣橡皮手，七手八腳千手千眼把睡到摔落車廂外的孩子撿回之外；還看到接下來，教改不是關鍵了，更大的重點是整個人類思維模式正在巨大快速轉變，那個從工業革命以來，大量鼓勵邏輯、數據、模組、複製就容易成功的思考系統即將由ＡＩ接手，接手速度快到ＡＩ領域專家說「二〇二三年可能是人類文明的轉折點」，比爾・蓋茲（Bill Gates）稱它是「根本性的改變」*，而教改只是其中呈現出來的一個面向。

到二〇二三年七月，教改有三個迴異過往的面向：一是教師談公開授課，上課透明化，新冠疫情意外讓遠距線上成正式課程。二是學生談素養，養有解決問題能力的公民，用學習歷程評斷學生學習的起承轉合。三是 ChatGPT 在二〇二二年十一月問世，ＡＩ結合教學的趨勢不可擋。

我在《認出光速小孩》裡用「一列轟隆隆的航空母艦級火車」來形容二〇一八年，（〈一〇八課綱〉前一年）「鳴笛巨大震耳，大旗飛揚，召喚孩子，上車，移動，駛向未來，未來何等繁華，文宣資料說著，老師跟著布達：不要問未來在哪裡，跟上來再說！」（頁二十四）而在二〇二二年退休的我，還是想繼續《認出光速小孩》的脈絡，讚嘆第一線老師！（我沒說全部喔，我說大多數。）真的，你要在現場，看到為了活化本科，因應多元，於是得五花八門設計課程的過程，你會知道老師們有多盡力。

如果是個人專業擅長的還好，最怕是那種全年級一起共同開課的，比如曖曖內含光、不擅言詞的老師因為配課配不出來，於是派去教如何口語表達做行銷。你要是在現場，看過陪學生修改那個不確定交出去被認真看見機率多大，但還是 字字幫你孩子改學習歷程檔案的乖乖（還是呆呆）老師們，特別是當有些孩子的學習歷程檔案好棒，棒到……你看著他，然後冒出一堆問號：「孩子，你確定這是你齁？」你會認同我說的強大，是靈魂堅強那種。

我們才不管學習歷程是一場「升學軍備競賽」還是「往內探索之旅」，我們還不是

＊引自〈ChatGPT 問世半年，教育界影響益發深刻〉，公視新聞網，二〇二三年五月十九日。

跟歷來師者無二，政策怎麼跑都好，老師遇到孩子兩眼汪汪說：「怎麼辦？」就想方設法，也要讓他趕快辦好再說。

2

即使教改「誰來掌盤」之「猜猜火車頭司機是誰啊」的故事媲美宮鬥劇，龍頭一下這一下那，已進入自主翻轉的老師們光要管學生教改暈船不適，已經夠忙了，還得各家練核心蹲馬步，蹲到肉身顫抖仍是微笑堅定，跟孩子與家長遙指課綱。說放心，有明路。

即使明明研習時聽到「大學端與高中端已緊密連結」、「學習歷程客觀專業透明」的保證，但遇到快人快語的教授（剛開始）說「沒聽說耶」以及（後來）說「有，但有心也沒時間看」，或也不在於教授有沒有看，而是機器讓兩萬五千件學習歷程資料整個消失時，打完幾個冷顫，還是無礙老師繼續研究與共備，議題是「如何讓沒時間看的教授一眼看見你」或「學會備份，狡兔三窟，不怕中央資料庫出槌」的絕招，安定軍心。

真的是一路教改，一路見招一路拆，招招現身，沒招還能再想招。

寫到這，很想說這波教改，「素養」最徹底的，最後會不會是老師啊？你說那個見招拆招的激動、那個設計課程的血脈賁張、那個開會開到已經不知道在開啥的腦力激盪，說真的，很多時候，坐在台下研習的我，會有一剎以為我回春了？哈！這是怎了？我又是一九九〇年那個光聽教改「海闊天空」四字，都能整個腹內山河起震動的小姊姊嗎？

不對啊！我已經被學生一直叫阿嬤阿嬤了，我是還在起什麼震動？還好小腹不比小姐時，脂肪層層裹護下，表面看不出，你看我還平靜，但一直看著課綱進度的我必須承認我不平靜。不平靜的結果是，一九九九年後幾乎都專注自己班級經營與生命探索的我，居然擔任學校第一屆課程諮詢教師召集人。比較特別的是，不是因為誰推薦我，是我自己自告奮勇說：我去。

後來去研習，才知道召集人清一色是主任、組長，我是去幹嘛呢？我去，純粹是因為校長在大會議裡問：誰願意去聽第一次的課諮師研習？已經注意課綱進度好長時間的我，覺得這一波跟二〇〇〇年要進入網路閱讀時的氛圍太像了，我還記得那時，老師們對於網路還有一種「除了書本，其餘『非正途』」的概念。我倒是聽郝明義先生說過：「如果我們真認為網路是危險叢林，難道大人不能為孩子先進去探一探嗎？」

沒錯，我就是這麼想的，這麼紛亂，總要有人進去先一探吧！於是我說：「我去。」

我當然知道這非我擅長，我光看落落長法規就暈頭。但我擔心沒人去啊！（後來有人跟我說我想太多了，大家只是在思考要推薦誰。但我急，太急著舉手了。）

我應該到老都會記得會議裡，我的射手座老友的可愛畫面，真的，那時真的會看出什麼叫插刀兩肋！超知道我個性的她正坐我對面，急著喊出聲來說：「不要去。」她說：「你會看不懂！」那感覺很像一刀在她那裡，一刀在我肋裡。

現在回想起來，更像《詩經》裡的「公無渡河」，一種勸導不要渡河啊，不要啊！危險啊！結果「公竟渡河」？眼看就要「渡河而死」，於是「將奈公何」的眼神傳來……

但，她真的說對了。我得承認，後來，我除了真看不懂那些規規條條；我還得忍住，不能像年輕時跟校長去開會，爭取經費都來不及，我還問：「不好意思，可以解釋一下這個活動的初心嗎？」這款列在翻白眼行列的問題。

我這召集人成了真正的著急人。

看到〈一〇八課綱〉說是要提升學生的自主學習執行力，孩子依然哀哀叫？多元選修尊重選課意願，排到後來，因為人數限制，選到的還是不愛的？寫個學習歷程檔案，東湊西湊看不出自己脈絡，直接請專家代寫？自主學習寫出計畫了，執行過程沒人力陪伴？我們掀起了教改巨浪，家長孩子在浪裡還沒成白條，先茫然尖叫到吐白沫？家長的恐慌呈現在私校招生一年比一年更好？補習班數量越來越多？怎不急？

但，著急還是得召集！

我一樣如實跟第一屆課諮師團隊的年輕老師們說我的起心動念。要謝謝邏輯思維清晰、做事精準的婉君老師收到我訊息，好幾次我把開會回來的資料跟她說（大部分是激動說感受和觀察），再一起討論如何做宣導與紙本資料，在各校還在摸索的時候，她和我從這坨混沌中抓出線路，做成手冊，還跟其他前導學校互相分享，當然各校做得更好，但我超珍惜這次體驗。因為這次合作，看到未來孩子很有希望，不全因教改，更是因為年輕老師。年輕老師們又專業（理性左腦），又能接納感受（感性右腦）之下，學生被穩穩接住的機率更高了。

未來，這群能接納自己感受越深的師者，將能接住更廣的未來孩子。

未來，教育怎會沒有希望，太有希望了！

3

教書最後三年，我自己經歷了傳說中的馬雅五十二歲。「五十二」是馬雅傳說中的歸零之年，一個不需死後再來，只要像老鷹，去喙斷羽，就能重生的五十二年。

像是總結過去的學習。我得到「杏壇芬芳獎」；把馬雅圖騰用在班級的故事記錄下來，集結出版《認出光速小孩》；一直嫌旅行麻煩的我，千里迢迢為我睡夢中的羽蛇神金字塔去到墨西哥，還在金字塔頂端，忍不住唱了一首歌。

得說說羽蛇神金字塔上放聲高歌的那段故事。

因為最後三年我當舞蹈班導師，老老師的我本來已經可以不用擔任導師，卻在墨西哥金字塔上收到學校拜託，接下這班導師，我真的是看一眼這個班級第一個同學的圖騰，就決定接接這個班，因為那孩子的圖騰「紅龍」是我到墨西哥的第一天圖騰。

這真是一個奇妙緣分的班級，迥異我以前的帶班經驗。

第一次和她們碰面時，我居然就唱歌給圍坐一圈的她們，初相識的她們居然自然地流下淚，一半因為離家，一半是憶起學舞的初心，而我唱什麼呢，我唱的是我在金字塔上唱的歌。

帶她們的三年，我用圖騰調頻，也教她們圖騰，陪伴練舞後的身體疼痛和因壓力帶來的心理議題。之前拿手的班級經營都派不上用途，因為她們主場在舞蹈教室，學科教室只占一天五分之一不到。意思是：熟悉凝聚共識，帶學生玩「班會就是夢想國」的我，根本沒班會可開；喜歡空間調頻，用教室布置與花台設計引動孩子連結美感經驗的我，看一眼練舞練到搶時間昏睡的她們，實在很不忍心叫她們多做一點。那些我以前很會用的班級活動，通通沒用。

有一次她們跟我說可以不要再管花台好嗎？「讓它荒廢吧！阿嬤。」因為跳舞已經跳到快死了。我說可以討論，全班表決看看，表決結果只有我一票要種。天哪！這對擅長班級經營的我來說真是難得，但她們真如我說的光速小孩，如實說。

我在這一班，體驗更徹底的放掉班級經營。我發現她們的凝聚共識不一定在班會，美感經驗也不一定來自教室布置。一次次排練與演出，挫敗或掌聲都是真實練習。

好囉，問題來了，不會舞的導師我能陪她們在學科教室裡舞什麼？

我讓更多音樂與靜心舞進到教室。讓喜悅的「靜」，來連結習慣「動」的孩子。

剛開始，她們在我帶靜心時直接秒睡死，醒來就說：「阿嬤，汝鰲喔！我失眠一個禮拜了，我剛睡著耶！」她其實要說的是：「不要上課，每節課都來靜心好不好？」或是：「每次靜心都想哭是怎樣？」她們很愛在說「是怎樣」時外加翻白眼，表情超好笑。

讓她們習慣靜心，是為了讓更多往內覺察的路徑養成，這能在進入一對一對話時帶來較清晰的看見。而這些對談不是為了填寫導師訪談表，它是來協助不熟悉身體運作的我貼近這群用身體舞動思考的孩子。

但是要和舞蹈班孩子對話，難啊！得鑽縫搶時間。因為她們第四節後就去術科教室，之前在導師班裡實施的「午休陪老師阿嬤吃飯配話」的活動根本沒機會做。我得在每個班級事件發生、個人情緒起伏的十來分鐘內抓重點，並看出當下能施作的部分。

我怎麼做？

我就用圖騰對談。圖騰就是圖像能量，圖像真的很能給力。試想濛鴻未開、語言未啟、文字未學前，是什麼來協助直直溝通？是壁畫鑿刻，是結繩記事，就算楔形象形，不就是圖像嗎！

我對未來學校有兩個預想畫面。

一是班級經營不再走過去團體共行。未來導師要確認的是每個孩子當下存有的能量與能力，提供自身體驗（體悟），與一對一客製化引導（陪伴）。

二是以圖像來協助更精準的溝通，圖騰、牌卡、畫畫、舞蹈、運動、靜心等，都帶來非語言文字的溝通能量。

4

最後三年我在導師班和任課班級都做了很多一對一對談。

後來在二〇二三年八月讀到洪蘭教授說聊天很重要，說「ＡＩ時代更要與人接觸，因為大腦催產素會讓心情變好」時，真覺得太好了。我們這種右腦型的，真無法用數據學理說我們感受的快樂，只能野人獻曝，拍著肚皮說，肚皮真的很舒服啊！（對談真的很舒服啊！）

而雖名曰對談，但一樣還是很多無厘頭玩笑，以及學生所謂無意義的幹話。有時候聊半天，她們還是茫然看我：「阿嬤你共蝦毀？」但到高三時，又有人來謝謝我陪她認出自己的圖騰，因為好喜歡從地上白橋，變成天上藍鷹的自己，已不太堅持那些爭執與誤解了；有人來說她會用圖騰去解讀家人朋友，居然了解彼此糾纏，願意放下了。

當然，有人還是茫然看我：「阿嬤你共蝦毀？」

這樣對談幫助成績的效果如何？

我不擅長數據，無法回答。但我知道她們大考成績很好，我們學科老師雖然很努力，但都很清楚真正幫她們的是文華高中超級專業認真的舞蹈老師團隊。但當我聽到舞蹈老師讚美她們「很懂互助，不暗中較勁，凝聚力很好，和以前遇到純女（生）班很不一樣」時，我心花怒放啊！比聽到她們成績燦爛還燦爛的那種怒放！

更開心的是，我後來認出：這群每天極致使用身體的鴨鴨們（我叫她們鴨鴨，因為她們可能跳舞久了，走路時會抬頭挺胸腳略外八，走在校園面帶笑容，遠看真像小鴨鴨），是來陪我在最後三年教學生涯裡，練習「接受身體狀態」這事。我帶她們認出心靈，她們引我看見身體。

帶鴨鴨這屆，我五十二歲，進入一場身體風暴。

而這場風暴，得說說那年日蝕當天，我帶一場家長研習。很不捨家長憂心的我，臨時加碼一個「放下所有角色」的薩滿儀式。

也不敢說完全是這因素，但在回台中路上，手臂真痛到需要送急診。先是查不出原因，後來才查出是椎間盤突出，復健又止痛，依然痛到呼吸不來。是止痛針也止不來的神經痛，醫師說要手術。接下來又出車禍，明明只輕輕倒下，肩胛骨裂到醫生跟我先生說要馬上進開刀房。

這個精彩的五十二歲，兩次都差一點要開刀，但到最後是一個刀也沒開。我足足用兩年修復，透過每日圖騰跟自己內在小孩對話、用靈擺連結高頻，調頻生活。習武的先生陪我練八卦內功掌與托天掌，花蓮好朋友幫我做遠距離顱薦，這些都不是五十二歲前我能想像成為我後來生活裡，幾乎每天都會連結的功課。

五十二歲還是一個生離死別風暴，婆婆和媽媽先後去了天堂，很多眼淚啊那兩年。而舞蹈班孩子常在我因疼痛或挫折而哀嚎沮喪時：「麥擱哭啊！你馬麻會更難過啦！吼！」然後拉出一大坨衛生紙給我。

或，「唉沒有用啦！快去看醫師，阿嬤你要堅強！」再爭相給我看她們比我嚴重的骨折腰疼手腳傷。（這是哪一國安慰？）

或是，「摔倒齁？爬起來啊！你在台下摔還只有自己知道，我們在台上摔，更丟臉，我們還不都趕快爬起來。」她們說：「不趕快齁！下台你就等被罵更慘。」「繼續啦！不會死啦！沒關係啦！」她們說。

這就是她們和我的日常，這和以前擔當班級心靈導師的我不太一樣。她們和我大小聲抗議、還胡亂耍賴討論。但你總會在看見她們各盡本分，不麻煩人，有時又會坐到你旁邊，小小聲說：「阿嬤，可以聊一下嗎？」。你又知道她們愛你。

二〇二〇年那場風暴，讓我察覺身體比任何人都愛我，而我長久以來忽略它。

一直愛探索心靈勝過運動身體的我，終於察覺為何是「身心靈」，而不是「靈心身」。三者其實無分軒輊，但身擺第一，提醒的是它一直默默承載靈魂。當它必須用病痛來展現、來清理那些埋入已久、自以為能承擔但早該放下的議題時，實是急切的召喚與提醒。提醒那些被忽略的、那些白日裡看不出，或看出，但因不至影響人生進度就忽略，卻在夜裡悠然騷動的那些。它說：放下吧，投降吧，接納吧，臣服吧。然後重生。它提醒著：「請無使命感的在使命之河裡繼續游吧！」

「無使命感」不是放棄、不承擔；「在使命之河裡繼續游」是擔該擔，放掉不該擔的。然後才能看著那個習慣揹著「長女」、「大姊」、「媽媽」、「妻子」、「老師」的我，回到女人狀態了。那很久沒意識到的身體、女性的、女孩的以及憨憨孩童身體回來了。這力量回來得軟鬆鬆，很多笑聲，是兒時和朋友在操場、在盪鞦韆上那種扯開喉嚨哈哈哈，說真的，很像舞蹈鴨鴨們哇哈哈大笑那種。

歸零，是我在馬雅五十二傳說的真切體驗，我很清楚是舞蹈鴨鴨們陪我經歷的。

還有一個有趣的是：即使在風暴裡，我發現當我用馬雅圖騰和人對談時，風暴彷彿無蹤，只剩說話的我和不語的圖騰，一起輕輕清清的流動，開心。

5

最後三年也遇到ＡＩ議題，我們問：老師還有存在意義？ＡＩ會取代老師嗎？

我的答案是：當然很有意義，絕對不會被取代。

但要看是哪一種師者，怎樣的師者被取代？怎樣的無法被取代？再進一步說，應該不只是老師擔心被取代吧！該問的是：ＡＩ會取代爸媽嗎？

二〇二三年初，我們安慰自己ＡＩ數據再厲害，終究無法取代情感對話。（這時候人類看見情感的重要了耶！）好喔！結果，二〇二三年七月七日公視新聞報導日內瓦大學機器人專家塔爾曼（Nadia Magnat Thalmann）設計的娜汀（Nadine），在新加坡老人之家待六個月，不但陪阿公阿嬤聊天唱歌，還一起開心玩賓果。試問：我們之中，誰可以六個月哪都不去，陪阿公阿嬤唱歌玩賓果而不發脾氣、不沮喪、不感覺沒意義？

好，如果ＡＩ陪伴老人可行，陪伴小孩的ＡＩ父母還會遠嗎？陪男女朋友的呢？

這已經不是思考老師還能否存在的時代。這是思考人類存在的意義是什麼？

爸爸媽媽……大人們……人……存在意義呢？ＡＩ會取代我、你、我們嗎？更有意思的訊息來了，二〇二三年三月《自由時報》刊出一篇〈比爾蓋茲預言：ＡＩ有潛在危機，但「這職業」不會被取代〉，你知道他說的這職業是什麼嗎？

是老師，他也說是老師。

他預測「ＡＩ能成為全人類的老師」；卻又預測「即便ＡＩ發展再全面，教師這一職業永遠不會被取代，因為學習取決於師生之間的良好關係」。

說「ＡＩ能是全人類的老師」，又說「老師永遠不會被ＡＩ取代」？比爾蓋茲在演示「以子之矛，攻子之盾」嗎？不是啊！他是從理性左腦與感性右腦角度來看這件事，容國文老師我，幫大家把省略的幾個字加回來翻譯白話文如下：ＡＩ能是全人類「學習知識的」老師。但「分享智慧的」老師永遠不會被取代。

知識，是學習來的。智慧，是體驗來的。

知識是花園，有大有小，但俱已知。體驗是叢林，不知大小，幾近未知。

我在狂野寫作裡體驗到的是：生活上我們喜歡花園，但生命裡渴望叢林。

當ＡＩ數據大到一個狀態（我沒法說什麼狀態，我不是研究這部分的專家），量變一定帶來質變，超大數據的ＡＩ在知識面的巨大提供，必然超出人類。但，知識量再大，終究來自「已知」。而未來需要的，卻是與「未知」共存。

過去舊模組是用「已知」、「有成效」的經驗，解決「曾經成功處理的」問題。未來新模組是用「未知」、「不確定成效」的方法，解決「不曾遇過的」問題。新冠疫情不就讓全世界一起扎扎實實體驗了一回新思維？

說到這，突然也不覺得這是新思維，只能說回到自然法則而已，一直以來，真正的生活與真實的生命不都是「『未知』面對『未曾』」？怎會以為安排一就一定走到一百？

若ＡＩ擔當知識系統，處理已知，減輕人類負擔。則老師擔當智慧分享，引導未知，陪伴人類探索，這老師如何被取代？很難吧！

體驗是個人各有各自各成，即使同一體驗都有不同體悟，這些生生不息還源源不絕的體悟，正是提供更多數據給ＡＩ的源頭。與其擔心被取代，還不如好好累積體驗。智慧來自體驗，分享自身體驗是無法造假的。造假也可，但二〇〇〇年後光速小孩有個功能是認「真」不認「假」，一眼能看破是真體驗，還是假知識。

用韓愈的師者三功能「傳道」、「授業」、「解惑」來舉例吧！「授業」與「解惑」

還在知識學習系統，「傳道」才是智慧體驗系統。而體驗是各有各道。師者若沒認出並練習自己「道」的經驗，怎麼傳？再傳還是別人道！別人的道早在雲端網紅直播主說得飛天鑽地、葷素皆備、頭頭是道，人人嘖嘖稱奇抖內連連？何必一定聽教室裡老師說：來，翻開課本、看PPT、影片，學生自己搜尋都比我們厲害吧！

二〇〇〇年後的光速小孩需要的不是教導，也不是陪他們如何搜尋，搜尋是他們一出生就會的功能。（誰叫我們從嬰兒期給他平板？）他們要的是一個真真實實曾經歷過的生命前來呼應、來驗證、來陪伴……「我也有過你這樣的體驗」前行者說。

那是一個在亙古黑夜裡，叫人安心的聲響。它的訊息是：你不是一個人。

6

我不會衝浪，如果一次次教育政策、評鑑、改革都是海浪滔滔，剛教書的我是被浪淹沒的那個，後來不怕的原因倒不是「淹習慣了」，而是開始學衝浪。

退休前幾年我在課堂上最常跟孩子說我講啥國文，都忘了沒關係。只要記得兩句，一句是「讀書好好玩，越讀越好玩」、一句是「老了很好玩，越老越好玩」。

讀書是多幸福的事啊！一本書幾百來塊，作者卻把生命精華給你，你沒坑坑巴巴走過，但跟著文字，好像多活了幾生幾世，划不划算？當然划算！

老了是多幸福的事啊！老一些，也許有機會見之前糾結的都不值一提；失落失敗原來是來擴展你；明明只活一輩子，心卻因為時間拉長，看懂自作自受不是責備，而是說操之在我。這彷若穿越前世今生的看見，超不超值？當然超值！

話雖這麼說，但讀書考試累怎麼辦？浪來了，怎麼辦？

這也是我在教書最後發現的開心，叫做「老師是來幹啥的？」原來老師是要教衝浪啊！潮流如浪，各代皆有，浪是擋不住，也不必擋。只要知衝浪三關鍵：一是誰在衝浪？二是浪在哪裡？三是如何讓孩子願意自行練習衝浪？

一與二容易：一的主角當然是孩子，二的資料越來越齊全，難的是第三點：孩子提不起力，如何願意行？提不起力和看不見目標有關；看不見目標又和認不出自己有關。

未來，多些力氣認出自己吧！

用各種方法認出自己絕對是學習裡很關鍵的部分。未來，資訊只會更容易獲得，當孩子不知道自己是誰？是什麼？在哪裡？能做啥？只會讓看似如海的資訊，以大浪淹來之勢，暈頭轉向，直接淹沒，遑論運用。

要看看資訊如何似海嗎？用核心素養舉例如何？

我們跟學生說，我們來從核心演繹出三面九項喔！再從九項說落實「部定」（指國英數等專科，本來就有，只是時數減少），和「校本課程」（重點在這）。

家長擔心「校本」走多元，大考卻考「部定」？「部定」沒過關，「校本」有用嗎？

學校說「校本」才見辦校高低，選修是跨山跨海跨領域百家爭鳴，能利益孩子。我也真心覺得「校本」立意是師者心，一讓社區學校更具特色，二讓學子更多選擇。

但是，家長和學生還是擔心：不考的「校本」會占據必考「部定」的時間與精力嗎？真的通過必考的「部定」，來到「校本」大展身手的學習歷程檔案，得要怎樣的精彩，才能讓大學教授在五到十分鐘內識得我孩子三年精彩？

國中		
部定	**部規定**	**國英數等專科**
校本	彈性選修	1領域統整性主題2專題3議題探究課程4社團活動與技藝課程5特殊需求領域課程6本土語文7新住民語文8服務學習9戶外教育10班際或校際交流11自治活動12班級輔導13學生自主學習14領域補救教學

高中		
部定	部規定	國英數等專科
校本	校訂必修	各校自行研發的必修科目
	多元選修	規畫該校班級總數一・二到一・五倍的課程。可跨班、跨群、跨校。
	團體活動	1班級活動2社團活動3學生自治活動4學生服務學習活動5週會或講座
	彈性學習	1學生自主學習2選手培訓3充實（增廣）教學4補強性課程5學校特色活動

7

因為雞婆而意外成為學校第一屆課程諮詢教師召集人（著急人）的我得誠實說，第一次看懂課綱架構時，我真正想的是：「這是大人童年沒吃到的，要孩子一次吃到飽的意思嗎？」（會吐吧？）孩子慌耶！有多慌？問問大人有多慌，就知道孩子的慌。

但後來我不得不承認，ＡＩ之勢不可擋一樣。與其怨這浪大，不如學衝浪。鼓勵自己和孩子多多出自本意，才有機會玩浪，能續續不斷玩進階。

再多一場煙火不會讓我們生命昇華；再多一次國際旅行也不一定讓孩子就視野開闊！但若是本心本意，自己策畫行動，那又不同了。而去認出究竟是否出自本心本意，可是一輩子要練習的功課。

讓教育場裡覺察的時刻再多一些吧！

接下來，教育真的要翻轉的都不是技巧。

技巧在TED、在社群平台、在各處雲端都許人無盡取了，當「生孩子」還是「生炸彈」都可以網路上找資料時，學習技巧與資料整理真的不算什麼。

然而當往外訊息越來越容易取得時，往內傾聽自己會變得更重要。

知道如何覺察的孩子，即便外在喧騰、也可能無法抗拒、也與之起伏、也掉落時一片暗黑……但因為常常練習覺察，平靜來得快一點，喜悅稍微多一些，就很好。

陪孩子在音樂裡靜心；在樹下靜心；在一杯茶裡，在對話裡靜心。靜心帶來覺察。（世界各地靜心有效的很多，上網搜尋很容易找到說服你的故事，就不做推薦了。）

在學校最後三年，覺得學校跟企業越來越像，跨區域的、跨國的、托拉斯式的會因為資源共享、節省成本、創造最大利潤而越來越多。但就像我們還是從星巴克轉向街弄裡咖啡小店一樣，那些私塾式的，客製化的，甚至一對一的教學，會因為人類本能需要真實接觸才得滿足的習氣，會興盛起來。

無論哪一種，都讓教育變得更好玩了。

沒有一定要這樣或那樣。喜不喜歡？有沒有效？都得當事人說了算。師生越來越無分，人人都是學習者。

而學習的第一步，就是覺察，那是衝浪的關鍵。

決定二〇二二年退休的我，其實沒有想太多未來，我只想到兩點。第一是想到，更多和光速小孩頻率相近的老師進到教育現場，就很開心。再來是想到，換個空間繼續學習者之旅，繼續學習覺察的我，也很開心。

說真的，退休的我沒有感覺退休，很奇怪！

PART 2

那些我在教的，正是我需要的！

“有人說學生是老師的天使，天使真的無處不在啊！

有的讓你驚喜，有的讓你驚嚇。

無論如何，全因一驚！

就繼續活蹦亂跳跳著往下去了。

這是老師為何可以打不死的原因，

天使恆常在，師者永不滅。”

輪迴可以不用輪——在家庭故事迴圈裡還要游多久？

1

到後來，我才知道關注那些孩子在家庭故事迴圈裡泅泳的我，其實是一直在嘗試觸碰小時候的我。我想擁抱那個小如玲，我想告訴她不要哭，我很大了。我可以保護你，你不要怕，你不要怕。

這樣說，好像我有多麼悲慘的童年往事？其實並沒有。我生長在一個非常平常的家庭，比起我同年家裡務農的朋友，公教人員家庭加上善於理財的媽媽，我不太有經濟上困窘的記憶。也或許是我本來就對物質不敏感，中午便當盒打開，有香腸、有荷包蛋、有養樂多，就可以開心到放學。蹦蹦跳到忘記揹書包回家。

更別說那些假日裡，好心情的爸爸媽媽把我們三個姊弟裝扮好，坐火車去阿嬤家，或去高雄、台南玩，吃鐵路便當的印象和天堂記憶一樣深。

但我的悲傷是精神上的。

也一直到媽媽過世前，我才知道這麼長久的悲傷其實是自找的。我一直深陷在我可能會沒有爸爸或沒有媽媽的恐懼裡，我怕他們離婚。每次我說給朋友，說我四十歲那年還在構思寫一篇〈四十孤兒〉的小說，說那個鬼魅般隨身的恐懼。沒有朋友不大笑的，說我都兩個孩子媽了，還怕？

我不知道要怎麼形容那個害怕。

我的爸媽是自由戀愛結婚，在流行媒妁之言的年代，他們算是很潮吧！但我從小到大的印象中，他們常常為了愛，或懷疑對方不夠愛，在各種名目裡吵架。比如財務、教育方式、紅包包多少。幾乎一年要有好幾次提離婚，且是非常正式的，家裡人都坐下來，聽他們說：「這次非離婚不可。」

只要他們吵到要離婚，無論我在天涯海角，都會驚心動魄趕回家。記得一次，我已經在教書了，跟朋友去黃山，卻因為和朋友大啖路邊小食，回台前一夜食物中毒，唇鼻腫得跟海豚一樣。我在機場打電話回家，說我可能晚一天回去，得先看醫生，然後興高采烈腫著唇說我買了什麼給爸爸、給媽媽、給弟弟妹妹，但電話裡爸爸說希望我先回家，說：「非離婚不可。」

我掛了電話，走入黑暗暗的機場外頭，去搭那個年代的才有的「野雞車」，只有他們二十四小時營業，謝謝他們，讓我可以像以往的我一樣，回家阻止離婚。

2

坐在疾駛黑夜的野雞車裡的我不只心急如焚，我是真的在發燒。背部刺痛到我幾乎幻覺黑色羽毛大翅從肩胛處，要竄肉裂骨而出。

我一直流淚，一路擔心萬一成真，弟弟妹妹和我要怎麼辦？這次要失去家庭了嗎？我如果不要貪玩，不要去黃山，會不會在吵架發生前，就止息爭執？都是我不好嗎？都是我不好，沒錯，這是二十五歲的我還在上演的內心戲。而這齣戲在我印象裡，最早開始應該是小學二年級。我記得那個腿短短的我努力的樓上樓下來回跑。

我家是「二樓三」的那種老式樓房。這種房子在二樓和三樓間，有一間高度低一點的房間，前面有一塊小台階。我後來長大，常常做的惡夢，就是坐在這個台階上哭。

那個小二的我，一邊要安撫因為聽到爸媽爭吵而哇哇大哭的，才念幼稚園的弟弟妹妹；一邊要幫樓上生氣的爸爸和樓下哭泣的媽媽傳話。

他們說：「你去跟他說。」「不是這樣，你再去跟她說。」……我很努力，我一直傳話，我努力在樓梯上跑來跑去，認真的跑著。然後有一刻，當我走到那個小台階時，我突然大哭起來。我突然覺得我怎麼說他們都不會和好了，我就站在那個台階，大哭起來。這是我常常做的惡夢，一直到結婚生小孩還偶而有。

我忘記那個在台階哭的我最後怎麼停的？

就像那次夜裡坐車回到家的，非得離的婚怎麼沒離了？我只記得那個矇矇亮，透早，我拖著行李走進家，茫然看一眼正在廚房煮早餐的媽媽，白粥咕嘟咕嘟，爸爸從樓上下來，到信箱取了《中央日報》，叫我一起吃早餐，吃完帶我去看醫生。至於離婚什麼的，我記得誰都沒提。

這樣的擔憂一直到媽媽要往生前才消失，我赫然發現這是不必要的。

媽媽因為帕金森氏症需要很多照顧，爸怕媽跌倒，任何時候一定牽著媽媽，吃東西前一定問她喜歡什麼。除非不得已，不假手讓我們幫，媽媽總說還是你爸爸比較輕手輕腳。

我因為非常近距離看到他們互動，終於看見父母之間的愛，叫做深刻。印象最深刻是穿鞋。即便在還能走路時，媽媽總是像現在偶像劇裡的女主角一樣，把腳一伸，說：

「這鞋那麼難穿。」一就看見爸爸蹲下來說：「很簡單，我來。」

媽媽漸漸失去意識時，爸爸每次來看媽媽，都俯身抱抱媽媽，然後執起媽媽的手，念誦天主保佑。有一次爸爸發現媽媽當天好像比較有回應，開心的說要表演給媽媽看。然後我就看到爸爸把手放在稀疏的頭頂上，一隻腳開始往後滑動像是鬥牛一樣，一邊哞哞哞叫，跟媽媽說你看你看。他叫著媽媽日文小名。

我記得這個，這是小時候，爸爸逗我們玩的動作，也是逗媽媽開心的動作。

3

認真表演的爸爸要我注意媽媽有沒有更明顯的反應。我根本看不清楚，眼淚完全模糊我視線，無法回答。我必須到這麼後面，才看懂他們相愛，但不會愛；我必須到五十幾歲，才知道愛情各有形狀，不用插入別人戲台去搬演。只要聆聽以及陪伴，讓他們完成此生當玩的戲碼，叫做尊重；轉身專注自己戲碼，叫做責任。

而我也在經歷父母故事後，才知道家庭裡真的有一個動能。當我們沒有察覺時，這個模組就像一個迴圈，跟輪迴很像。它每隔一陣子就要重新搬演一次，就像我的爸媽一段時日就要轟轟烈烈的上演一次家庭破裂大戲，用以確認彼此深刻的相愛？

有趣的是，在我更年輕時，我曾生氣罵他們：「你們明明很相愛，為何要這樣吵？」他們異口同聲罵我亂說話，說愛什麼愛，要不是因為孩子，早就離婚了。「愛個頭！」爸媽一起說。

有趣的是，當我陪記憶漸失的媽媽亂聊時，有一次我問她知不知道我很膽小，超害怕他們吵架離婚，媽媽說我黑白講，她說爸爸對她「比宏哥對你還體貼」（宏哥是我先生），她覺得我先生得跟我爸爸多學，還問我有大顆的鑽戒嗎？媽媽說：「南非那顆是你爸爸專程拜託人，買給我的。」

「你有嗎？」媽媽說。

「我沒有！」我說，「嗯！謝謝阿母提醒。」

更有趣的是，媽媽過世後，爸爸出門去哪裡，都一定合十跟相片裡的媽媽報告，然後加上一句：「你要對（跟）好，咱做伙出門去。」提到媽媽時，總說他這輩子最聰明的選擇就是娶到媽媽，因為媽媽很聰明、很有智慧……

我常楞楞聽著，非常懷疑我人生前面五十幾年是幹啥去了？

家庭模組真的是巨大而隱藏的力量。它是架構良好的迴路，一個慣性系統。當開關啟動，操作模式就開始。餵過孩子母奶的女人都會記得，當固定餵食時間一到，孩子哭聲未到，乳汁倏然充滿胸口的感覺。那是看不見，但真實存在的連結。像巴夫洛夫（Ivan Pavlov）的狗實驗，即便食物撤除，給與電擊時，狗狗一樣流口水。餵母乳也是如此，有媽媽說在外出差，聽到不是自己的孩子哭時，一樣脹乳。

後來才知道：我的父母掉入他們愛情模組裡太深，然後又太慢覺醒。他們只要到節慶就爭吵，節慶就是他們的巴夫洛夫魔咒開關。那個平時太忙，食指浩繁，光生存就要費力，沒時間東想西想的，在節慶時閒下來了，於是明明歡喜相聚，但不開心的都想起來了。

對話開始，爭吵開始，大戲開始了。

源頭都是因為愛。

4

我一直以為這是個悲劇。長女的我也總是扮演那個出來打圓場的，或收拾大家情緒。甚至開始努力重新啟動下個聚會，希望透過聚會的快樂，來掩蓋這次的不快。我必須承認這真是一個糟透了的經驗。很可惜我一直到很後面才懂，因為我一直以為我在幫助我的父母。

我一直是家族中可愛的孩子，我懂事，喜歡交談，甚至還滿八卦的，可以在聚會中和老老少少大聊特聊而不覺得耗竭。我是後來才知道其實我已經在耗竭。但是在以愛為名的掩護下，我努力讓自己看起來不耗竭。這裡頭連結一個更深的恐懼：我怕如果我不說話，聚會就會沉默，沉默意謂著大家有機會記起上次不快？那就糟了！大家會像上次一樣不歡而散嗎？我不要，我不要不歡而散，我要家庭和樂，即使已經耗竭，我也要繼續。

當老師後，我發現原來很多孩子也經歷我曾有的經歷。或者是因為自己經驗，我很容易辨識那些身陷家庭迴圈故事的孩子的氣息。他們時時背著一份擔心，那是一種侵蝕或鏤刻，在心底一點一滴一刀一畫。印記悶悶的，也不至影響白日裡行進，但獨處時，悶悶無由來。

曾有一個學生來跟我說他不參加畢業旅行，說不喜歡坐車，會很嚴重嘔吐。我說暈車很討厭齁！他說對。我說，那就不去吧！沒事沒事。剛好手邊沒事，我就和他閒聊，「不去畢旅，那你要幹嘛？有安排啥好玩的嗎？爸媽在家嗎？爸媽同意嗎？」

說到這裡，孩子回話了。他說：「誰管他們！」

我說：「你很敢喔，你說誰管他們！」

當老師的這樣說很不專業吧！但我聽孩子說話時，常太過投入，投入到在那個話頭裡探索味道的我，常覺得我就是那個說話的小孩。有時聽到好像自己都不見了，只在那個字那個詞裡穿梭，遇著啥我就直說啥。也常覺得自己不專業，但越來越領受當下的力量後，在回頭想起和學生的對談後，我發現：輔導技巧很重要，但真的不是關鍵，祕訣真的是當下的力量。當下是啥？當下就是融入、是接納、是臣服。它讓回應變平靜。甚至一下，就觸到核心。

5

直入時，用字遣詞可能不太有水準，但它話頭對話頭，念頭對念頭，一對就對。它是「啪」一下電光火石，剛剛糾結難解的，瞬間灰飛煙滅，影都沒。

而當下力量，最常伴隨的就是專注、無分別心的傾聽。於是當孩子說「誰管他們」時，那個話對我來說，就是開關處。那剎，沒老師、沒學生，轟然打開的是孩子生命經驗，當然，還有我的生命經驗。

我的生命經驗是什麼呢？我的生命經驗是「不可以不管他」；是就算在樓上樓下哭著跑來跑去，把小短腿跑更短，都堅持要幫爸媽傳話的我；是就算食物中毒，都要回家阻止離婚，不去看醫生的我。我，不能不管。所以當時四十七歲的我聽一個十七歲不到的孩子說「誰管他們」時，脫口而出：「你很敢喔！」其實是一個天大的讚嘆與羨慕。說話的哪是四十七歲的如玲，說話的是一個七歲、十七歲、二十七歲、三十七歲、四十七歲都不敢這樣說的我啦！

沒想到，因著這句話，孩子笑了，說：「還好吧，這有什麼不敢的？」

於是又為了解釋為什麼不敢，我聊起一些七歲、十七歲、二十七歲、三十七歲、四十七歲的我。講到為了傳話，邁著小短腿樓梯走來走去的畫面，學生大笑：「老師，你幹嘛這樣啦？好呆喔！」然後還損我一下，說怎麼腿還是沒長長。

然後換他開始說起他爸媽。說因為要賺錢，爸媽平日分開兩地，好不容易假日說要帶他聚會，卻總在出遊的車內，開始平常沒時間、沒機會好好坐下來談的話題。他說：「每次我都期待得要死，高高興興出門，就開始聽他們吵上個月誰少給錢，然後罵對方的爸媽死要錢，沒錯就是罵我外公、外婆、爺爺、奶奶！從小到大……」他說：「不誇張，我超會各式各樣幹譙。」我大笑說，「你是很會沒錯！」

「老師，」孩子突然慢下來，說：「你注意過車內空間的味道嗎？汽油的味道，冷氣的味道，坐墊的味道，食物的味道……我很討厭那個味道，全部混在一起，超噁！」我看著他，一點點感受他說的味道，知道他暈車的源頭了。

你看得到那個曾經小小可愛的男孩嗎？他蹦蹦跳跳進車了，好可愛的眼睛、大大的，問爸爸：「我們要去哪？」聽媽媽對坐在後座的他說：「乖乖喔！這是你愛吃的，這是你愛玩的喔！」好溫暖、好開心，小男孩好開心。但，吵架要來了。

坐在後座的小孩，吃著餅乾，綁著安全帶，不知道要怎麼辦。越來越大聲的吵架充斥車內，孩子要往哪裡去？如果在家，還可以躲到房間去玩拼圖，跟恐龍說話。但疾駛的車、疾逝的景、困車內的孩子怎麼辦？尖銳的對罵正扭曲變形成一支支凌空掉落的鑽子。一根一根，每一根都射向他，眼耳鼻舌手手腳腳還有軟軟的肚子。

我還在那個畫面裡想像，他已經在說有一次真的在車內大吐特吐，還大哭。

「後來呢？」我問。

「後來我每次坐車都暈車。」他說。

我看著他，好像鬆了好大一口氣。我說：「謝謝你，我知道了，我太晚吐了。」我跟他說，「你相信嗎？我曾經抱著我剛出生的女兒，在車上聽爸媽吵架吵到想直接開門跳車，那時候我已經三十八歲了。」學生搖搖頭，嘖嘖兩聲：「老師你這就幼稚了。」

他不知道我是很乖的小孩。我的情緒表達是很晚才學的。為了不要讓家庭雪上添霜，我會盡量讓自己保持冷靜，或盡力達成長輩要求。我記得剛結婚時，爸媽帶朋友來到我們新家，爸媽怕我破費，說：「如玲，不要去外面吃了，簡單弄點菜，我們在家簡單吃。」呃……如玲是誰？如玲是我啦！爸媽忘記我是一個一直被叮嚀好好讀書的人。煮飯菜對剛結婚的我來說，何止艱鉅？根本登天。但我說了什麼？我說好啊！那個「啊」字還帶甜美，凡使命必達讓爸媽開心的，我願意，我可以。

我是經過學習才知道：這件事不是煮飯那麼簡單，那是依然沒長大的如玲，希望透過討好，讓爸媽開心的故事。因為我有一個內在迴圈是「爸媽開心，就不吵架，不吵架就不會離婚，不離婚我就有爸爸媽媽」。以前的我用成績，用表現，我透過做點什麼，讓他們快樂。而現在，來喔，來喔，不會煮飯的阿玲我要煮飯囉！

那桌菜後來成了大家茶餘飯後的笑料，我也跟著笑。

但我知道那是一場災難，不自量力的災難。

7

我記得烤起司洋芋，還有一條號稱「五柳鮮魚」的料理，我特意買了傳說中的傳家金鍋，好幾萬我記得。我切了好久的薑絲、綠蔥絲、紅辣椒絲、黑木耳絲、鮮筍絲，牽來纏去的絲鋪鋪好一大盤，放在蒸好的魚上面，再記得照交代，要一瓢小小熱油澆上去，艷艷的，說是會很好看，還有哪些菜？忘了。只知道擺一擺也七八道。大家就座，讚嘆一桌菜後開動。發現洋芋硬得像石頭，搭著冷掉的、一球球黏黏上頭的起司。那鮮魚也艷艷，但一筷子掐下去，出血了，沒蒸熟。

我記得整個吃飯過程，我的尷尬混著客人的驚駭。媽媽一直笑，爸爸說沒關係，以後學就會了。客人們努力費勁的吃，說沒事沒事。我其實不太在乎食物好不好吃。我在乎的是爸媽。我在乎他們有沒看到那麼努力照他們的意思完成的我。那個很希望我表現好一點，家就幸福圓滿的我。而事實是，沒有，離婚的故事繼續搬演好久。這也是為何每次當學生說起家裡父母親吵架影響他讀書時，我都會正氣凜然，甚至有點超過分際的，奮不顧身的去跟父母親（生氣）說，「不要這樣。」

我曾在聯考前，堅持要一個學生住校。我跟他父母說：「到底有沒有看到你孩子多優秀，再吵是要吵爛他前途嗎？」說真的，有一陣子我常覺得我撈過界了。但其他事情，我可以睜眼閉眼，獨獨家庭父母吵鬧，不由分說，我一定救孩子先！但哪裡是救孩子？我根本是以為我可以彌補小時候的自己啊！得一直到教書最後七八年，媽媽生病時，看懂父母的愛之後，我開始不再那麼費力的用「自以為」對孩子好的方式陪伴孩子處理家庭問題。

我請孩子離開父母的舞台。關注父母，但不投入太多關心。不管父母，不代表不愛他們。不加入演出，不代表沒關聯。我帶有家庭議題的孩子靜心，認出每個人都大樹一樣，參天。沒有任何一棵樹不渴望往上長，請記住那個渴望。然後記起即使巨木參天，底下永遠盤根錯節，一如我們與家庭的不會斷連。請放心長大。

8

幼苗的時候，若只顧著往下盤根錯節，那盤根不會是養分，那是天大的牽絆。孩子！請認真吃飯讀書生活呼吸，好嗎？不要像我這麼呆，五十幾歲才發現，爸媽自有舞台，我亦自有舞台。相愛未必只能黏著，相濡以沫未必解渴。兩相忘於江湖，看似冷漠，真要引水來救時，才能無旱。

但我也不會覺得那個小小如玲白費了功夫。我看見自己的力量。我看見那個更小更小時候的我在面對父母爭吵時，也像長大後根本不會煮飯卻被點名煮一桌菜時，我沒在閃的，直接來吧！不管會不會，我都說：「好，我可以！」我站上去，站在他們中間，站柴米油鹽前面。那個小如玲在那麼小的時候練溝通。她練習在兩團怒火大人之間，還不讓火燒到自己，就算燒到，她學習好好包紮，再重新上場。

那個過去小小的為父母溝通的我也好；青少年時期憂心父母離婚的我也好；結婚後以為煮一桌好菜能讓父母開心的我也好。我也笑她呆，也讚她勇敢，但我跟她說：「好了啦！可以了啦！不要再裝勇敢了。」我還是欣賞那麼努力的她，但五十幾歲的我好開心終於讓她知道：就算不努力，她還是可愛的她。

當我明白我的家庭故事迴圈後，我記得我先是流淚，好不捨好不捨小小的如玲，她是曾經這麼努力，但繼之湧出的是開心。我畫出她的模樣，然後我在旁邊寫著：

我愛你！你好勇敢！你能承擔！

謝謝你從那麼小就具備這樣的特質。而且讓我帶著這些成長，直到今日。

我愛你，你沒有逃，不是因為你有多大的力量。而是因為這是你在當時，唯一知道能幫助父母的方法。你用了這些方法，盡當時最大的力量用著，你好棒！

我愛你，我愛這個學著使用不同自己的你。我很高興我是你。謝謝你。

我流著淚，笑著寫著畫著，然後在日後帶學生狂野寫作時，我也帶他們寫信給過去某個時空的自己，那些以為還困在那裡的自己。寫著我愛你，可以從這個故事的迴圈，游出來了。我愛你，我們都在這裡了。

追記：我的爸媽很相愛，我想再寫一次，我的爸媽很相愛。

如實才有機會——講忠孝仁愛信義和平要幹嘛？

1

二〇二三學測後，大考中心公布學測佳作範例（題目是〈花草樹木的氣味記憶〉）。跌破大家眼鏡的是，出現一篇以「玉蘭花氣味」*為主，描述兒時對父親外遇的認知轉變過程。

大家在驚呼、驚嚇以及驚豔的語氣裡討論這篇文章：一派說它讓作文題材不再單一狹隘；說不會與生活脫節；說喜歡創作的學生果然可以放心，只要書寫自身真實經驗，不須擔心難堪、不光亮、負面拿不到高分，只要表達自身想法，都可以是佳作。

另一派說：網路世代，這種穿越、小三、宮鬥、謀殺的內容太平常，早已泡在電腦、手機裡的孩子要寫一篇以父親外遇為主線，隱含成長痛的短文並不難。手機隨便滑都能

---

* 詳見華視新聞，〈學測作文佳作「偷情玉蘭花」引熱議，網：都能聞到玉蘭花妖嬈的味道〉：https://news.cts.com.tw/cts/life/202304/202304102164061.html

看到更勝一籌的佳作。為了舉證矯情文不難，用ChatGPT輸入「外遇」、「父親」、「玉蘭花」、「摹寫」、「文長限八百字」關鍵詞，幾秒後，引經據典又感人肺腑的好文華麗現身。

我其實不太在乎會否因一篇〈玉蘭花〉，我們就敢放手讓孩子書寫他們真實經驗，或獨立思考的觀點。說真的，孩子通常很清楚正在經驗什麼，只是還說不完整，或乾脆不說。因為「說也沒屁用」。孩子比我們想像的還更早就能獨立思考，只是他也精明的發現，照著大人的思考，好像比較有好康的。獨立思考幹嘛？

看起來不想獨立思考的下一代，也就是傳說中「躺好躺滿躺平人生」的思維的八年級後，嚇得五年級父母懷疑美好品德，奮鬥的人生怎麼都消失了？我們那個年代不是這樣的啊！我們討論，我們憂心忡忡。

我也想推給「股價翻身」、「AI帶動」、「通膨影響」、「世界局勢」，這些看起來是趨勢的通則，來說這本來就是一代不如一代。但，改了您家孩子三十多年作文與週記的我，我必須要說：見鬼了，才會說一代不如一代。一代絕對勝過一代。不然世代怎麼相傳？早滅了好嗎！

2

用〈玉蘭花〉這篇來說好了。玉蘭花可能瞎掰，但聽孩子說過比玉蘭花更像鬼故事的故事的我，就先假設不是瞎掰了。（萬一是瞎掰，也沒關係，留後面說，那得看看孩子是怎麼學會瞎掰？）寫〈玉蘭花〉的這位同學在文章中的事件當時應該只是小學一年級，但記憶到高三快十八歲了，畫面還恍如現場？那沒說出來的家庭動盪，那深埋內心的痛徹無言，優雅修辭彷若無事的寫他看懂大人謊言，那個大人以為小孩看不懂的謊言，這才是這篇文章高分的重點吧！

他來戳破一個大人世界裡，以為私下運作天衣無縫的錢與權與色。直直勾勒出來，運用一些我們教會他的，保證會高分的文字技巧，比如：示現法帶現場逼真，引動共鳴，加分！暗喻讓意涵既新鮮又模糊，隨人揣想，加分！影像重疊賣玉蘭花的黝黑婦人與母親暗沉容顏，加深記憶黑洞之外，又讓玉蘭花潔白對比外遇女子，最是神來一筆是眼眸抹上那一點藍，讓憂鬱不言而出，吼！加分加分，通通加！我們開心絕世好文有創意、勇敢。卻沒聽見孩子世界，瞳鈴眼大，瞪向大人靈魂深處，說：「I SEE YOU!」

共業聽來可怕，說穿了就是共同創作。躺平躺好躺滿的孩子，不就我們一起教出來的？有什麼好怕？要怕就去怕過去種下的「因」，而不是怕現在看到的「果」。

來說幾個像鬼故事一樣的學生故事吧！都是真的。但我會添一些無關緊要的情節，讓人物都模糊去，而互相穿插只為補足。主要想讓我們一起來看看不實的、一直以為「為大局」而不得不假的大人，正在崩毀孩子對世界的美好想像，諸如信任、單純、夢想及各種可能。若你是我的老孩子看到這裡時，請無需尋絲覓跡。懂我的，跟我多年狂野寫作的，應都記得我說：「操筆，然後讓人與名都散去，誰說的誰做的都不重要了，因為都發生了。讓文字去表達；故事去敘述；該飛散的訊息去傳說。放筆，就像酒店打烊該走人，請安靜。」至於還不懂的，麻煩搬椅子來，就當故事聽聽。

3

「孩子本來是很愛大人的！」我常說是「大人一步步摧毀愛」。

一個嘗試過跳樓吃藥割腕，但被救回的孩子，一直不願說任何一句話。我曾花一小時就和他坐著放空。就在我想停下這無效陪伴時，他卻跟家人表示他喜歡這樣坐著，他說這樣就好。

但總想做點什麼的我決定在一邊畫圖（畫我喜歡的馬雅圖騰），一邊請他想寫什麼或畫什麼都行，不說話沒關係之後，他倒是開始在紙上從零星畫些線條、圖，再多寫一些字句。直到有天寫著：「要我長大，變成像我身旁這些大人，我是不要的。」我看著那些凌亂的字，心好酸。（二〇二三年五月 #MeToo 在台灣燒起來，陳汘瑮不也說了幾乎同樣的句子？她的求救信裡說：「難道大人都那樣嗎？我會不會慢慢成為自己不想成為的大人？」）

這孩子的故事比八點檔還八點檔。他在一個詭譎家庭長大。父母想離異但因財務難分，誰也不想放手離開，於是各帶伴侶回家，又各生小孩。反正厝大，一人一層，看似無事，其實烽火悶燒。有時爸爸要他上樓幫阿姨照顧剛出生的弟弟，有時媽媽要他教男友前妻的小孩功課，「分攤一下，你都不知道為了你，媽媽很累。」一直到他開始反覆自殘，媽媽才注意到全家最累的是他。

「你跟誰住？」我問。

他說他住一樓，跟阿嬤，國中時阿嬤過世，他才自己住。他越說越多後，跟我說起他常半夜醒來，不知道自己是誰？住在哪裡？他痛哭，但在被子裡哭，沒聲。

曾遇過一個從小就拿美工刀自殘的獨生女，長得清秀，家境中上。父母不知她自殘，朋友推薦她父母帶來找我聊聊，也只說看看能否透過圖騰，陪伴足不出戶，越來越瑟縮的她。我花了一點時間才弄懂她網路交友的複雜，超乎父母跟我說的複雜。於是我嘗試和她聊聊「複雜」。只見她停筆好久好久，卻寫下「我愛媽媽」。

這答案是天書吧，怎麼理解啊？

後來才知道她認為這是她忠於母親的表現（她的圖騰和母親一如冰山上下，意思是她的靈魂幾乎知道母親內在的活動）。她的痛苦來自小學時，在媽媽忘記登出的筆電內看見媽媽網交的照片。

「我不知道我媽媽到底是怎樣的媽媽？」她說她偷偷觀察家庭主婦的媽媽還是一樣顧家啊？她幫爸爸燙衣、為她做便當、全家出遊時牽她的手、依偎爸爸合照。但那一張張照片裡的男體女體，以及她看不懂（跟〈玉蘭花〉一樣，長大後全懂了）的對話，她說她好痛好痛，痛到如果不割裂自己，她很難感覺到身體。她也不敢找人說，怕說了，家就破了。

4

她給我看美工刀滑過的腹部，沒傷其他地方是因為這樣才不會被發現。我看見淡白的、扭曲的、新的舊的、深的淺的、結痂與正在結痂的疤。我決定讓孩子單獨與母親對話。我當然知道風險很大，但沒辦法，我這人就偏袒孩子，通常為了孩子，我寧可選擇讓大人痛死，也不捨孩子唉一聲那種偏執。我就是相信孩子是大人造就出來那一派的。所以，很簡單，哪裡源頭結，哪裡源頭解，最快！這是責任歸屬問題，誰造就，誰承擔，清清楚楚。

媽媽當然否認。

直等女兒打開筆電，看見一些照片，聽到女兒歇斯底里嚎啕：「你為什麼要這樣？」那哭聲像要把積藏腹內千年瘀血噴光，嘶啞而破裂。這個五十多歲裝扮精緻的女人突然蒼老如老嫗，喃喃說怎麼會這樣、怎麼會這樣。她可能一直以為她很謹慎，不可能有人知道這祕密吧！

但等到我請她看女兒掀開衣服的自殘痕跡，以及聽到女兒複雜交往到說不清的墮胎時，崩潰嚎啕轉到媽媽這裡了，女兒反倒靜了，背負億萬年的重擔還媽媽了。我開始回頭照顧媽媽。我給媽媽看「我好愛媽媽」那張紙。

不要怕啊！媽媽不要怕，女兒也不要怕啊。

所有無法倒轉的故事，很痛，但都帶來練習勇敢的機會。而誠實就是勇敢的第一步。誠實才有機會如實，如實自然如釋重負，該當如何自當如何。這真是一場風暴般的對話。而我也沒想告訴你這個故事從此幸福快樂，所有創傷都得接受它才有機會修復，就算無法修復，也只有接受才能繼續，而繼續是當事人的事。

如果凡造作必留下痕跡，大人要不要盡量請三思。

我們會老，囡仔會長大，這群孩子就是以後我們在地球這空間的管理者，我們真的以為人在做，鬼神不察嗎？

我跟您說，鬼神察不察，我也不知道，但囡仔天線很通，我很確定。

我遇過您的孩子在文章裡，在對話時，猛地，像孟婆湯突然過期失效一樣，是第三眼打開嗎？他們看著迷離的遠方說：怎麼突然想起兒時一個畫面？畫面裡是一間小房間，有電視、有衛浴，冷氣涼涼的。他在看卡通玩拼圖或火車嘟嘟嘟（各種說法都有）。房間另一頭是爸爸（或媽媽）和另一個阿姨（或叔叔）躺在一起。他記起出門前爸爸跟媽媽說（或媽媽跟爸爸說），要帶他去朋友家聊天。他記起牽著他的爸爸（或媽媽）的手，他也記起另一邊牽著阿姨（或叔叔）的手。

所以，〈玉蘭花〉是真的假的呢？

5

回到前面，如果〈玉蘭花〉是編造的，是假的呢？

那也不足為奇。孩子也是向大人學習來的。

記得有幾年流行性疾病似的，沸沸揚揚報導校長收賄、法官貪瀆。一個男孩問我學忠孝仁愛信義和平做啥用？

「怎麼了？」我問。

「我發現只有當老師的人講忠孝仁愛信義和平，當官的才不說。」他說。

「然後呢？」我再問，好奇他真的想表達的是啥？

「我以後要當官，又不當老師，我講忠孝仁愛信義和平幹嘛？」他說得好白。這個很有邏輯的孩子後來當了律師（放心，他很好）。

我的教書歲月從用DOS開機片才能開機，跨越到現在機器人能開旅館、能當情人。這多年無數次在講台上靜看台下孩子眼，我發現孩子的眼一屆比一屆清晰：是畫素變高的清晰，不是思緒清明的清晰。

畫素高帶來萬花筒迷亂，什麼都看、什麼都看不到，以為看過就是體驗過，生活就沒了新鮮。大量收訊讓思路大開，一指直上雲端搜訊，無需垂手照樣速得，生命哪來成就感。

他們靈魂輕快，行空天馬和叢林奔猿日益增多。但還不懂駕馭，心難定，睡不安，偏偏想法八方時空平行容易來。你以「冬雷陣陣夏雨雪，天地閉，乃敢與君絕」，說情愛堅貞；讚「義薄雲天，忠肝義膽」，說人間誠信；用「計利當計天下利，求名當求萬世名」，說願大力大。學生隨便一舉，那財大名粗無仁義者列位出來一拖拉庫；說劈腿劈到腿裂開，才是真厲害；說考上台大萬萬歲，管他媽媽嫁給誰！還管北極熊熱死咧？

我們忘了有形有體終有限，無形無相才無遠弗屆。

孩子根本不管我們教啥，他們在看、在聽我們做啥？

被說成躺平躺好躺滿人生的年輕人，展演的是我們表面不說，但私下渴望的嗎？霸凌不斷的校園，呈現的也只是國際強權欺弱的縮影，外交不是常常上演？所以，被我們評論的、為他憂心的孩子不就是跟大人學的，若不是共業，什麼是共業？

話說回來，我也不是一個多誠實的人。我也會說「白色謊言也是為大局好咩」這樣的話。只因這輩子也沒做其他職業，當老師越久，就看到共業的可怕。《中庸》說：「不誠無物。」不誠實是不可能創造真實的，即使創造，也是海市蜃樓、巴比倫塔。要嘛幻滅，要嘛壓死人。

四十歲時聽見內在聲音後，就更不願意說不真實的訊息了。但又沒把握都沒說錯，所以無論對學生或學員，我說：「我只分享我體驗到的。其餘我沒體驗到的，我不說。」

6

我想成為一種大人。那種曾從鐵皮屋裡逃出來的大人，一有機會遇到孩子，就想說：「不要放棄，要相信世界不會只有鐵皮屋，平行時空真實存在。你看到的，只是這個維度裡看得到的，就像在地下室很難想像摩天大樓能觸碰到雲層。你需要的只是一部電梯，直上摩天樓。」我跟學生說。電梯可以是一本書、一部電影、一段文字、一次書寫或對話，甚至旅行。

所有讓我們有機會感受到維度的可能，看見世界是不必說謊也能豐盛的先行者。不但多、還續行。他們像一直存在的那些古老教導一樣，用自己體驗過的，如實如是的頻率去呼吸、創造。

有一次在陌生班級監考，我就練習了一次這個想望。那場考試裡有人一直想作弊。他的作法是：一看我低頭，他就開始東張西望。他不知道我是老老師啊！我抓作弊的功力就是不必看你，也盯死你。我真在他以為要成功的那一瞬，哈！對上了。那一剎好安靜，同學各專注自己考試，沒人知道殺氣正火。

抓現行犯真有奇妙快感。但對我來說，認出孩子是什麼，早比教出孩子是什麼，更讓我開心。趴在那裡昏沉的，究竟是豬圈裡的豬？還是莊子說的待扶搖風飛天的鯤鵬？我得練習認出，讓豬去豬的可愛，鯤鵬走鯤鵬的奮鬥。認出，才知道要如何著力，如何施作。

我盯著那孩子，我想認出願意在這麼小的考試失去信用的孩子，你，是誰？

我後來沒抓，我只拿出紙寫一段文字給他，我說：

孩子，有一剎時，我幾乎認定你作弊。我承認很想當場抓住你，像抓現行犯那樣暢快的抓住你。下一個剎時，我感覺遺憾。我想著：這麼一個優秀的孩子，是曾經得到什麼樣的教導？而讓他以為面對過不去的難關時，把作弊當作唯一的辦法？

又下一個剎時，我決定選擇是我誤會。我選擇我要相信你。

我很想替整個世界跟你道歉，這個世界是怎麼讓你以為可以這樣做。但我不能，我能做的是祝福你不再東張西望，祝福你只看著自己。祝福你永遠不再學習這樣靠失去信用得到成績。剩下的時間，我祝福你好好完成考卷。

別期待我一字不漏原文重現，但差不多是這樣了。

我記得我離開講台走向他時，他嘴角緊抿，帶著戒備直視我。我把紙條放在他桌角，沉浸於自己無厘頭開心中，高興自己不同往昔，知道「哀矜而勿喜」是啥味了，更何況，我還嘗試為「勿喜」做點事，我真愛這樣的我啊！

但，就在這樣自我感覺良好時，我發現這學生居然沒感激我不抓之恩，也沒低頭寫卷？他居然睜大眼睛，還直望講台來。

我心想：「這不懂事？台階都給搬來了，還不下樓？」正要按耐不住發火，卻見那個孩子手抬起，放上額頭。他……對我行禮？這是啥？

沒錯，他居然對講台上的我行一個非常非常標準的童軍禮。我一時無措，不知道什麼情況，也學他抬手，回了一個童軍禮，標準！這禮回得詭異，第一排學生從考卷抬頭，一臉狐疑看我。應該是覺得監考老師發什麼神經，監考到一半，居然敬禮？

孩子你收到我的祝福嗎？你會從此不再作弊嗎？會不會根本是我對那個敬禮會錯意？會不會長大後的他跟人家炫耀考試時如何用演技騙到笨老師的信任？我不知道，我只知道他停止東張西望了，低下頭寫考卷了。剛剛到底禮敬了什麼？虛空一片，是禮敬虛空嗎？虛空中有一個老老師，他嘗試練習成為自己渴望成為的那種大人。沒依循舊有的方式，只因已從鐵皮屋出來過，知道可以不用繼續悶在裡面做不得見天日的事，一樣可以呼吸，所以寫了一張紙條，給那個有機會用不同方式處理眼前危機的孩子。

不管如何，我嘗試了，我妄想孩子在云云大人中，瞄見一些不同款的大人。

太陽花學運時，曾有一個學生來跟我說。他說他看見我一位在大學任教的老友教授也挺身表達支持，他很感動，寫一段話給我：

……我們需要的是一個曾經相似的生命經歷，前來相映我們的波動，瞬間感受人與人之間最近的距離莫過於此，他／她前來說著他／她的理解，然後，我們就有力量繼續走下去。

——楊郁慈

7

看見孩子眼睛多麼雪亮嗎？他們一直在看著聽著，一直到發現大人世界仍有那真誠如實的，然後你就會看到，像戰後，從廢墟中一個個探頭出來，躲了好幾萬年的靈魂似的飄出來，微笑說：「你好，我在，真高興你在。」

上面那個抓作弊故事的後續更精彩。我回到自己班上，哈哈哈說了剛剛監考糗事，因為是最後一堂課，全班跟著我哈哈哈後，說老師很搞笑，然後就放學各自回家笑了。聽說好多人回去還轉述給爸爸媽媽，爸爸媽媽也哈哈哈半天，說你們老師很搞笑。這倒是我沒想到的教學後續漣漪——讓更多人哈哈哈一起笑。

更沒料到，隔天，我收到一個紅包，真的是過年用的喜氣紅包袋裝了二〇〇〇元。

學生說他媽媽聽完昨天笑話後，決定包一個紅包給我。我接過紅包，有一剎那恍惚到我忘記我當老師。我喜孜孜以為我唱紅包場的。

為何會加演紅包場呢？事情是這樣的：這孩子一上媽媽的車，好久沒嘎啦嘎啦報告學校大小事的他，居然主動說起剛剛最後一堂課如玲惹的笑話。要知道，媽媽們對於青春期孩子願意回到小學時的寶貝模樣，而不是一上車就耳機掛上、臉向窗外、面無表情，而是報告長報告短，已經感動感動再感動了，沒想到最後還聽到這位因為品學兼優、容貌端正，而一直沒被老師懷疑，一直以小小作弊為樂的孩子，往前趴在前座中間說：「媽，我今天做了決定，我再也不要作弊了。」

媽媽說太感動了。感謝耶穌、感謝主，讓如玲老師送來這個故事。這讓媽媽對這位優秀孩子最後一丁點品行上的擔憂，放下了。於是決定用二〇〇〇元表達謝意，說：「隨老師用，做什麼都可以。」紅包最後成為全班的飲料基金，同學們一同乾杯，感謝共同學習到的感動。

呵呵呵呵呵呵呵……真希望能原音重現我當時的呵呵呵呵呵呵呵。這真是太可愛太魔幻的故事了，只是如實如是練習一個念頭，居然這結果。萬事果然互相效力，但要真實的力，才能一個動一個，不用規畫，自然動起。寫到最後，突然想建議以後貪汙的、做決策的、偷情的，都請他看著自己最愛的孩子的眼睛說一遍，還要錄影存證。審判？免！輿論？免啦！看著你家孩子眼睛說話，你會發現，很多都說不出來。

比如讓前陣子新聞裡已婚的劈腿人、比如各種貪汙的長官，就讓娃娃兵們列席問：什麼是偷情？要怎樣才能貪那麼多汙？貪汙好玩嗎？回扣是一種扣子嗎？校長為什麼喜歡回扣呢？答案應會自帶反省巴掌力吧！

這也符合素養，能培養帶得走的能力吧？

等待的背後是很深的信任——我是忍耐，還是好奇？

1

第二十八年教師節前夕，我收到一份來自現在的同事、以前老學生的「禮物」。她笑嘻嘻說：「老師，我跟人家說我懷念的老師當中，有你耶！你的教學法在當年就這樣，你真的是很先進。」

我開玩笑說：「你是指你們在台下睡著，我還過去蓋被子，不吵人這事兒嗎？」

她大笑說：「真的！真的就是這個！」

這怪了？站在長長走廊裡的我明明沒拿一朵花、一顆糖、一張紙，但大白日也發夢？好像被蓋了隱形戳記「讚」。陽光說我教得如何不知道，但這點做得還不錯。

我為何允許孩子睡？應該換個句子問：我為何願意等孩子醒？我真的那麼有耐心？認識我的朋友說我很願意陪伴學生，很有耐心。

這是一個公案。

讓我先來說說有一天一個學生氣急敗壞衝進辦公室，嗓門大概要翻屋頂，說「憑什麼當掉我」的故事好了。

那時我還不到四十歲。照理還有力氣吼回去，但我只把椅子拉給這位憤怒少年郎，然後說：「你來，是為了解決問題，還是吵架？」少年說要解決問題，我說那你最好坐下來說，然後少年就坐下了。同事說：「學生那樣子，還好整以暇問？你也太會忍耐。」

我沒有忍耐。但我真的有一個耐，耐得住的不急不躁。那讓我看起來有種「慢」。套一句最後一屆舞蹈班學生問我的話就是：「阿嬤，走快一點！你腳有在動齁？」

我常想，如果要用現在評鑑老師的標準來斷定一個老師的正能量，我應該是屬於不合格的。因為我愣住的時間可能比處理事情的時間多。

我常常因為耐著看學生把整個事件始末演完，即便過程我也驚心動魄，但更多時刻，因為在一個好奇狀態，那個被說成一臉茫然看向遠方的我，其實不是真的在發呆，或是不想管事，我是好奇。我常想的是：「到底是演哪一齣？我要加入嗎？」但因為沒說出來，於是看起來像是很能忍耐。

2

這份不急不躁的養成，源頭應該是阿嬤吧。我有一段上學前的歲月是跟著阿嬤住。那段時間不長，但對我的影響很大。我甚至覺得我的教育理念就源自我阿嬤。

我能記得鄉下大灶、後院豬雞與鴨。我還記得被一大群鵝追啄，哭聲大到河對岸的攤販大呼小叫找到阿嬤。我記得衝回家救我的阿嬤，對還沒上幼稚園的我來說，根本是英雄。而且這英雄不罵人的。她沒問我為何說那麼多次不要跑進雞鴨籠子裡玩，都不聽；也不會說牛牽到北京也是牛；也不會罵我不乖，她只是趕回來救我，幫我擦藥，然後再說一次：「後擺（下次）一個人袂勢（不可以）進去雞鴨鵝的籠子玩。」那意思代表「可以進去籠子玩」，只是不可以「一個人」，我聽到的是方法，不是禁止。

阿嬤很忙，煮飯，餵豬餵雞餵鴨，洗衣買菜，還要顧文具店。我在當兩個孩子的媽之後，才知道阿嬤工作量很大，而當年的我，沒感覺阿嬤忙，我只記得好好玩。阿嬤如果洗衣服，我會得到一些破布在一旁搓，阿嬤叫我怎樣省水；阿嬤如果曬衣服，我可以拿著很多衣架，一排在地，阿嬤要我拿「上媠耶來」！我就從衣架裡認真挑最美的給她，重點是衣架斑斑駁駁哪裡美？但阿嬤認真教我選，我就認真挑。

阿嬤如果要買菜，會給願意乖乖陪著買菜的我選一個甜點，而且是自己選。這奢侈的待遇，是阿姨、舅舅們都沒有的，只有我有。我得先幫忙提一把蔥、一塊豆腐，還得注意今天攤位有什麼新鮮的好吃。這讓我很專注，小小的我不吵不鬧，專心觀察，這可是我一天唯一的甜點！不論我說要一塊軟不拉搭黑糖粉粿、或一杯酸甜酸甜楊桃汁、或一塊厚厚花生糖粉麻糬，阿嬤一律都說可以，因為是她答應的。

那阿嬤如果在大灶前煮食呢？又是水、又是火，阿嬤會讓我靠近嗎？

答案是我不僅靠近，我還會得到兩塊紅磚頭和一個小鐵鍋。磚頭架好，阿嬤幫我放上已經有點變形的鐵鍋，放點水，底下塞廢紙與柴火。阿嬤給我一點點菜葉，一點點胡蘿蔔，都一點點，很多的一點點，我煮得滿頭大汗。

這當然是忙碌的阿嬤打發我這煩人孩子的方法（這就是教案嗎），但那又不像是打發，因為忙得滿頭大汗的阿嬤還會問我要不要一點蘿蔔皮？問我這鍋要送給誰吃（這是提問法）？讚美這次看起來好好吃（這是評鑑與鼓勵）！

但我那樣煮出來的東西當然沒人敢吃。那咕嚕咕嚕冒泡泡的鍋子，加了鹽巴、醬油、味素、糖和各種奇奇怪怪，有時還惡作劇放點葉子、沙子或石頭，阿嬤也不管，叫我拿著小鍋（先撈出那些石頭葉子）去餵豬雞和鴨。當阿嬤說我們的豬啊、雞啊、鴨啊，長得很好的時候，我總感覺一半是我的功勞。

3

長大後想起上面寫的那段，想到被等待與陪伴的經驗，總感覺實實的被愛著。那個在大灶旁跟阿嬤一起煮飯的小小我來到心頭。它在照顧孩子照顧到火氣噴發時，在教學現場教到無力時，浮上心頭。我當它故事說給女兒和學生。我說：「如果將來你為人父、為人母，記得等你的孩子。」

在這份記憶裡，我看見的是：手忙著、眉頭皺著、心頭煩著的阿嬤，仍仔細檢查我家家酒磚頭有無穩妥。大粒汗、小粒汗忙煮食的阿嬤，仍讓我慢條斯理想買麻糬還是冰棒好？而這個「很忙的阿嬤」和「等我的阿嬤」是同一個人、在同一個時段，毫無違和？也許阿嬤內心非常違和，但她沒把違和伴隨焦躁傳給我。頂多輕輕說：「還沒好喔！阿嬤愛擱轉去煮飯餃！」沒責罵，只說她等等要做的事，我就知道要快點喔！

當了老師，越來越知道真有一種學習的脈流，無須經過教案，不必太多活動。它直入身教，卻比精心規畫的教案強大。它直接灌注，像天地有氣，雜然紛紛進各式形體。它還是無心而入桃花源的漁夫，真要用力用意去尋，是怎麼也尋不到的。這樣的身教，是三月微風細雨，說不出來它做了什麼，但你已入那細微裡，跟著呼吸，跟著流動。於是，即便你無法說明清楚小河如何流動，但因你躍入其中，你讓自己就是河了。你順著順著，即便坑坑洞洞碰撞，但它領你總要到海。因為它自己也要去到海，它只是順路陪你一段。許多美好的師徒故事，不都是這樣一段？

阿嬤跟我說她很早就過世的阿母，也就是我的外曾祖母「脾氣足好」。阿嬤說阿祖她「講話攏軟軟ㄚ講」。所以，這是一個脈流嗎？沒學到阿嬤那軟軟腔的我，是一個在有需要飆髒話時，不會輸人的我。但我真有領受到阿嬤的不急不躁，於是血液裡就有那願陪伴與等待的因子嗎？

這也讓我看到有些帶著娃娃在餐廳吃飯的爸媽（這幾年連阿公阿嬤也這樣，吼！真的是不應該），當他們讓孩子吃飯配平板或手機時，我會憤怒。

說是憤怒，但其實是傷心，傷心他們不陪伴孩子，不等待孩子的童年。

4

再說個故事好了。

「快抓住我。」我跟坐對面，大口嚼漢堡的先生說：「快拉住我，不要讓我罵人。」我要罵誰？我要罵隔壁餐桌那對早午餐吃了快一個半小時，一直在滑手機的父母。他們那個一頭亂髮的小女兒拿著玩具，自己吞著蛋餅，講了不下十來次「爸爸跟我玩」、「媽媽我跟你說」。真正讓我理智斷線的句子是「媽媽我要抱抱」和「爸爸我要回家」，然後爸爸說不要吵，爸爸在忙。

我從沒想跟政治有關係，但那一刻我好想當立法委員。我想要去立一個法就下任，那個法是「跟未成年孩子一起用餐，不得滑手機」的法，而且如果是嬰幼兒，還要加重刑責，外加直接就地罰站、半蹲都好。罪名是什麼？是「以無形且緩慢巨大力量，消融國家未來一代對四周感知與連結的能力，並意圖創造無感的孩子，用冷漠的價值觀，接管未來世界」這個超長罪名，這真是可怕的罪行。

但只要看過爸媽們各自從手機裡抬頭時無神的雙瞳，還跟孩子說「賣吵，我在忙」，或阿公阿嬤開個平板給含著奶嘴的嬰兒看卡通，就自顧自聊天時，我就願意相信手機是某個黑暗意識要毀滅人類的發明。爸爸你忙啥呢？別唬人了，真正有愛，再忙都勻得出時間！談過戀愛嗎？愛到時，哪個不是想方設法三分五分下課十分鐘也要看對方一眼？孩子是自己的。學生是自己的。可以給他一點時間嗎？可以等他一下嗎？還是說要為下一代規畫更好未來的我們，其實不愛下一代？（或其實也不愛自己？）

有一次在綠園道慢跑，看到一個爸爸正罵一個嚎啕大哭的娃娃。

爸爸說：「把拔一直陪你玩，你還哭，這樣不乖喔！」這位講得正氣凜然的阿爸，我好想跟他說：「少來！」我來回跑三趟了，我知道發生什麼事。你明明一手滑手機，只空出一手拿樹枝和孩子玩。你家娃娃很乖，完全認真照你說的，被你叫去來來回回多撿幾次樹枝（你其實是爭取空檔玩自己的手遊），你看到沒？你沒有！因為你只看手機，不看孩子，你一點都沒看你家娃娃很有創意，自配音效，還咻咻蹦蹦想像力大爆發跟你對打，你看到沒？你沒有。你只是覺得娃娃不可理喻，突如其來胡鬧。你只會檢討孩子，說玩得好好的，怎麼大哭，說不要玩了。你還要說：「不乖！把拔跟你玩，你還鬧脾氣，壞壞要打打喔！」

該打的是你！

5

我常想，我們大人要受多少教訓，才懂：孩子不是不跟大人玩，他是不跟不認真的人玩，管你大人小孩。你現在假裝和他玩（生活），長大就等他假裝和你玩（生活）。「陰奉陽違」不是人類基因，「去之者是返之者」、「自作自受」才是「自然法則」。不可能要求被我們敷衍的孩子，誠心待我們。孩子跟大人學，這世界責無旁貸。

那個早餐事件的最後結局是：我直直看著屬馬的、正咀嚼沙拉葉的我家先生，用一種恰好傳到隔壁桌的聲量說：「你覺得我要不要跟這對爸媽說？從剛剛吃飯到現在，我已經聽他女兒喊爸爸媽媽一百萬次，當爸爸媽媽的一直滑手機是怎樣？現在滑啊！繼續滑啊！以後就換孩子滑，滑掉爸媽好了。」屬馬的先生沒有停下咀嚼，但眼睛瞪得銅鈴大。他大約覺得我瘋了，愛管閒事到他人生顛峰了。

但，驚奇的是那對手機爸媽好像突然從異次元回魂。爸爸說：「該走了。」媽媽說：「喔，好哦！」他們起身，小小女兒一手牽爸爸、一手牽媽媽，一蹦一跳離開。

「有效耶！」我開心。

先生說：「不是有效，他們是以為遇到瘋婆子。」

我其實不是很敢管閒事，但很奇怪，幾次遇到孩子問題，被人說雞婆時，我是不太在意成為瘋婆子的。也許在我生命底層，深深印記了我被阿嬤好好對待的記憶。我知道那樣被等待、被陪伴過的生命，會有巨大的勇敢駐進內在；這個勇敢能在生命中遇到痛苦不堪時（更正，是「那個時刻以為痛苦不堪」），在各式失敗後淚流滿面時，現身守護你，說不怕，我在！

我在生命困頓時，都會忍不住呼喚阿嬤，很奇妙的是，當我想起阿嬤有多愛我，我會有一種堅強。也許是這樣的體驗，讓我總選擇站孩子那邊。就算偶而也看見有些孩子好像有種與生俱來的黑暗？我還是寧可信任孩子。

孩子總是比大人年輕，要轉變的機率比較大，我對他們比較有耐性。

6

所以，也不是我多有耐性，或多寬容。我和所有老師們也都一樣，遇到在台下睡到死去活來，叫醒之後，又活來死去睡著的孩子時，也會感覺煩躁，但因著阿嬤給我的經驗，我可能多了一絲絲不急不躁的信心，不全是耐心。

總覺得那些睡著的孩子，若知道自己在哪裡，就睡吧！他睡得坦蕩蕩呢！若是不知道在哪裡的，也沒關係，等他睡醒，找時間聊聊。聊聊這樣睡昏沉沉不坦蕩的是什麼？要繼續睡嗎？或是想知道為何睡得不安穩，還是要昏沉沉趴著？來聊聊吧！老師不一定能幫你走出昏沉，但我們都來練習看看昏沉是誰？老師我也有好幾回從昏沉沉走出來的經驗，也許我們可以聊聊老師的昏沉。

其實很多第一線老師日常做最多的，就是聊聊。

聊聊的確上不了檯面當作評鑑或好成績，這當然也無法量化當作模組去推廣。但很奇妙，在教育現場裡，它微小但巨大。隨意漫談，但又直直從生命經驗給出關照。日常和他們聊聊的內容，我說孵夢、說馬雅，說潛龍。在我心裡，這些跟阿嬤養雞養鴨曬衣講王爺公一樣，日常而已。只是阿嬤說她的王爺公，而我說我的太極陰陽圖。

附錄——

學生多年後記起在課堂上，我說起非關考試的太極陰陽圖，寫了一封信給我。

親愛的如玲老師：

我是文華第十屆的學生，您教過我們高二及高三的國文。您是從我念書上學以來，唯一一位令我印象深刻的國文老師。

您對我們這班級還有印象嗎？當年我們是理組的放牛班，成績總是墊底的，班上什麼人都有。有留級生、有特別愛玩的學生、有認真的學生。重點是，當年我們這班學生讓每個任課老師都頭疼。

我記得您常常上課時講到語重心長的時候就會畫出太極圖：您告訴我們生命的循環由好到壞，由壞到好；黑中帶白，白中帶黑。

其實這個太極圖也成為我的中心思想，我一直很感謝您在我懵懂無知的年代，在心底烙上這個圖。這讓以後的我，在徬徨的時候，有一個依循的指標。

那時候的我，懵懵懂懂，有好多模糊的東西在心中，卻也不知道如何去表達出來，只能藉著認真念書來掩蓋那些模糊的地帶。

而多年後我才明白，生命要你去面對的課題，遲早都要去經歷的。只是那個時候太小，不明白，也不懂得去探索，所以多走了很多冤枉路。不過這或許就是生命的安排吧！

最後附上象徵生命的種子，上頭有我對您的感謝，還有一張我大學畢業照的小書籤，藉以喚醒您對我殘存的印象。

最後，要感謝您，謝謝您努力在我們的學習歷程中，加注對生命的思考。

謝謝您！

生死裡的慈悲——人真的渺小到無可談論？

1

陪伴孩子從來不是遠距離指揮，它是一次次近身肉搏，特別是生死。

每次聽到長官在電視上說要如何教學生，我都想到有一次一位教育長官進到學校禮堂，結果壓不住躁動，還出動教官和老師壓制，結果連話都說不到五分鐘就在學生的噓聲中匆匆下台離開。真的不是老師們愛挑釁說：「請來現場待個五分鐘，再告訴我你的方法有效。」是真的，教育現場跟自由搏擊一樣，沒套路，直接玩真的。

陪伴，也是玩真的。

當然校園裡鳥語花香也有，但轟隆隆土石流猝不及防崩塌淹沒可從來不少。老師在塵土裡，還要能柴米油鹽張羅孩子每一天。你若真的陪伴過，才知道這種陪伴不是那種一個月一次的晤談；不全是書信往返的鼓勵；也沒有偶而拜訪的茶香。它伴隨的是汗與淚。

如果你陪過哭掉一大包衛生紙還說不明白的孩子；如果你曾上氣不接下氣衝頂樓，去找留了字條跟你說再見的孩子；如果你曾表面淡定的蹲在牆角，其實手腳哆嗦到跟瘧疾一樣，還要輕聲細語對坐圍牆上的孩子說：「來，我在這裡。」你會知道我在說什麼。

因著你是父母、是老師、是親人。於是當你開始陪伴，你開始得長時間和正在重整內在的生命一起，一段時日後，這個生命重整可能會延展到你。於是你也開始半被迫重整自己的內在世界。於是你可能也起懷疑，「我真的可以教書嗎？」「真的有辦法承擔這麼巨大撞擊的年輕生命嗎？」

有時候負面能量跟灰色土石流一樣，它還不是一下子滅頂，它是一吋一吋，你得眼睜睜的看它侵蝕意志，孩子的，你的。教書多年，加上十幾年陪伴學生和生病家人的經驗，我看到的陪伴很真實。它能讓你經歷生到死、又死到生，幾次之後，你會停止高談闊論，會認清技巧與奇蹟不是證照說了算，其實是老天恩典。

你變得臣服，因為你確知人真的渺小到無可談論；但你又極容易感恩，因為你看見人又巨大到整個宇宙都願意協助你。你開始跟人說，其實沒有什麼厲害方法，也沒有呼風喚雨引動什麼，你看懂原來是一個更巨大的天地系統「陪你」去「陪他」，其中滿布天使、奇蹟，化做各種資源來幫助，全因你起了陪伴的念，天地於是來幫了。

你看懂天要留，人走不了；天不留，再努力也枉然。你更本分的盡自己力量，盡力就開心，做完就無愧。你越來越愛做人當做的事，然後，把天的事留給天。

2

我在《父子影癡俱樂部》（*The Film Club: A True Story of a Father and a Son*）這本書裡看過很好笑但很精準描述「陪伴」。

書裡失業又失意的父親，用電影陪伴失學又失戀的兒子。為了讓兒子理解他現在的經歷不算嚴重，當爸爸的把他每個死去活來的失戀故事，挖心掏肺說一輪：比如，八年級時第一個讓他哭泣的達芬妮；高中時在摩天輪甩掉他的芭芭拉；大學裡六、七次近距離被蕾莎刺殺出局，這些故事生動而熱烈，慷慨而悲壯，然後爸爸做了結論，他說：「嘿！你看我還是撐過來了。」他告訴兒子：「那些握著冰鑿讓我哭泣，讓我像一條在放大鏡底下扭動著的蟲子般痛苦的女孩和女人們，都不是我應該在　起的對象。」如何？非常有ＴＥＤ演講現場感吧！父母親用自身血淋淋經驗作陪伴，真誠又盡力。

我自己也常用這個套路，不惜顏面全身現，只為協助孩子闖關。

但這本書打了我們這些盡全力的父母師長一個大臉。

就在父親講完，覺得兒子應該開悟時，兒子卻悲傷無比，他說：「所以，爸，你覺得克蘿伊離開我是對的嗎？」克蘿伊是兒子心中那個妖嬌聰慧可人，但拋棄他的女友。就在老爸抖身家說糗事，還用螢光粗筆畫好畫滿畫重點後，兒子聽到的是：「連你也認為那個妖嬌聰慧可人的克蘿伊選擇離開我是對的！」

看到這裡時，我真的狂笑。然後看到這位爸爸驚恐萬狀往下寫：「我錯了，我沒想到車子會開到這條路上來。」這個說法應該只要曾經經歷陪伴輔導，卻陪到歪樓的人都有的經驗吧！類似你正為「停車坐愛楓林晚」的秋色盎然感動時，學生已在「坐愛」那個地方笑到魂飛魄散。你得讓孩子那個笑笑完，再申明是「坐愛」不是「做愛」，你還沒講出「坐」的意思是「因為」，孩子爆出更大的笑聲，完全去「做愛」那邊笑更大去了。

陪伴者得清楚知道「位置」，才真進入陪伴。不然會越陪越絆，一絆就耗損。就像這位父親說了一堆，只讓孩子掉入更深的悲，兒子的意思是，「你也覺得我罪有應得？」

書裡面的父親在這裡做出一個很棒的小結論，他說：「有時候我得非常小心，因為他會從故事中引發出更可怕的幻想。」

沒錯，這是陪伴最難的地方。從來不是遠距離指揮，而是近身肉搏。你得感官全開，以防那個猝不及防的土石流。

3

特別是生死。特別是當越聰明的孩子說要來聊聊時，很可能實已在求救。

這是為何我教書越久，越常跟學生說，你知道每天早上老師看到你坐在那裡，我有多開心嗎？遲到有什麼關係？你從那不知發生什麼狀況的地方拔身出來了？你看，你在這裡，而且還愉悅的呼吸，多棒！能呼吸是一件多了不起的事。

相信我，若是真心話，不會因此而全班都遲到。會遲到的怎樣都會遲到。但緊繃的孩子可能因為這個信任，放下早晨，或很多時刻的緊繃焦慮。我遇過選擇再也不要呼吸的學生。一個非常聰明的孩子，這是後來為何我決定，只要讓我教書一天，我就要一直跟孩子說，呼吸是恩典，拜託，考零分我都愛你，給我呼吸，大口呼吸。

剛教書時，遇到做啥都沒力、睡眼惺忪的孩子，特別當爸媽打電話來學校請託，說

「潘老師您好，可以幫我跟孩子說……」時，我秒把孩子叫來，要囑陪他檢視作息、要囑討論交友狀況、再不然想想三年五年十年二十年後的你，我試圖陪孩子用規畫來安頓茫然，我那時相信有規畫就不茫然，我使命必達。

但是總有學生直直看我說：「我……就……懶……得……呼……吸。」像這樣有回應還好。有的從頭到尾一句不說，任憑你耗能耗力說學逗唱引經據典插科打諢疾言厲色，他是一堵在前方凝視你到你以為身在黑洞的牆。

二〇〇〇年後出生的孩子更多這款的。

你以為他抖音限動青春洋溢，不知私下心死無言可對，開口就說：「無聊。」面對這樣的孩子，我只問自己：「如玲，你什麼時候懶得呼吸？」失戀？沒錯，失戀時我像冬眠的蛇。我只想睡著睡著哭著哭著就死算了，我想過為何我不生在北方，雪直接給我蓋下來多好，冷凍塚，誰都不要碰我。

還有自責，沒錯！自責常會讓我也懶得呼吸。媽媽過世時，我陷在少做什麼的痛苦裡，同事說蹦蹦跳的我，居然走路時有大象沉重聲音。自責縈繞不去，先生帶我去看電影放鬆，我記得有一次去看《鬼滅之刃》，我從頭哭到尾，但你問我演什麼，我不知道。後來先生堅持要我去看身心科。我超抗拒，覺得能力被侮辱的抗拒。我堅持我只是悲傷，先生說你知道你一獨處就掉淚嗎？我說我不知道。

4

後來我都跟膠著悲傷的人，特別是自以為沒事的，我都說讓專業協助一下吧！不會怎樣的，跟浮板、跟氧氣筒一樣，倚靠一下，下一秒你就自己游了。特別是急症，要快處理。那次才兩週抗焦慮的藥（也沒吃完），就沒再讓我往下沉溺了。但我不是醫師，我沒法開藥給懶得呼吸的孩子，老師我能做的，就是我希望人家對我做的：陪伴。像先生陪我看電影，像好友陪我吃飯，安靜陪，不要多說。

我一直以為我做得很好，也雖然不是發生在我陪伴他的時間，但我還是覺得我漏接一個。

跟所有聰明小孩一樣，這種敏感孩子一開始會觀察大人一陣子。「我會在你說話時搜尋你真實的想法，很像雷達那種感覺有沒有……」這是他後來跟我說的，他說：「我觀察很久，直到確認你是真的很多事都覺得沒關係的人。」

我大笑，這啥鬼啦！我的確常常被孩子觀察，也很習慣這樣的探測。我還知道他正在重建對大人世界的信心，但「很多事都覺得沒關係的人」是怎樣的我啊？

我聽過孩子說我是「信任」、「相信夢想」、「尊重」……但他是第一個用「沒關係」形容我的。他說「沒關係」不是隨便，而是願意尊重所有可能。我常邊走邊和他瞎聊。他也跟我學生一樣叫我老師阿嬤，他和我常常沒頭沒尾對話，東一句、西一句，沒想結論，也沒意圖解決。但他說這樣很好，他說他不喜歡坐在沙發上被治療。但他喜歡和我瞎聊。

他知道我學馬雅，問我可不可以說圖騰給他。我得空就說一點給他，他聽著觸動時，還找馬雅歷史資料給我研究。我提醒他高三時間很珍貴，不要為了找資料太影響成績嘿！他說成績是很簡單的事，他國中非常頂尖，現在也不差。只是，真懶得念了。

上大學前，他準備手作便當給我。叮嚀我不要怕胖就不吃飯，說老了其實要胖一點比較好。我說：「感謝您烏鴉嘴，我還是要瘦一點。」他說以後想跟著我學馬雅哲學，他覺得我看似隨便，其實很有紀律。他喜歡「怎樣都沒關係」的想法。坐我前面的他一貫的微笑、雙手交握、放兩膝中間，說他考上他喜歡的科系。

「老師……」他輕輕地說：「你不用擔心！」

我說：「吼！你這個臭小孩也知道要讓我放心，不錯不錯！」我說光這句就夠了。

5

他上了大學後，很少和我聯絡，直到有人告訴我「他走了」。

我為這孩子流很多淚。我還記得因此聲音還沙啞一陣子。我能記得他好友來跟我說他走時，我一邊問著話，卻一直注意到眼前他好友的說話姿態：他雙手交握，放兩膝中間，上半身微微前傾，微笑而專注，但眼神看向大約前方幾公尺的地方。我還在思考哪裡怪怪的時候，他朋友一說：「老師，你不用擔心……」我立刻哭出來，這是那孩子說話的口氣，我認得啊！很輕很輕，是那種很怕給人麻煩的那種輕，是平常來聊天的口氣啊！

可惡，臭小孩是你嗎？孩子是你嗎？你來叫我不要擔心嗎？

有時想起時，都還是忍不住想：如果他上了大學時，我還繼續在他四周安置防護網給他，這麼纖細敏銳的孩子是否就不會離開？我也知道不用自責，畢竟防護網能多大多廣？我能守護生命多深多久？我都知道，但我就是不捨啊！

我能記得那個興高采烈跟我分享好笑夢境的他；我能記得我說你安靜一下嘿，先等等，我改完這份作業再輪你嘎嘎說。然後長那麼高的男孩，和小朋友一樣，真的乖乖拉把椅子，耳機戴著，坐旁邊看書，等我改作業，再繼續告訴我他發現哪本書、哪部電影、哪個奇異時刻、哪個老師隱微又明顯的癖好……我很難忘記那個面容。

有一陣子，我懷疑：面對生死，我們這些當老師的有個屁用？

還好，一直有其他孩子來說：老師，不要放棄。他們用各種方式告訴我，說著當時那些小小的活動，是如何在生命裡發酵。附錄這篇〈十八歲〉的文章，是一個選擇出櫃做自己的學生，現在已經在國外為夢想打拼了，她提到當年我讓他們脫了鞋襪站在椅子上，她說這事會讓她記起十八歲的自己，彷彿站在世界頂端。

當時我們做了啥？我們玩「心動Talk」，我跟他們先說這和成績無關，我只是想著：「這麼年輕的你們和我，怎麼可能一起只有功課啦？說點沒意義的吧！」我是庄腳長大的小孩，廟口聽來的故事好好玩，說吧、說吧！於是整班開始一堂課一個人上來，有人漫無邊際聊；有說為了家計，在街頭擺攤寫春聯賣春聯的淚；有人先說痛恨母親，仍然不想接近，但已理解母親了；有人剛說戀愛又說失戀。有時說到一整節，半點進度也無，但台上台下掉淚，我也是。

我真的忘記寫〈十八歲〉這個優秀而堅毅的孩子在當年說了什麼。她在文章裡說她記住站椅子那一幕耶！

是啊，面對生死我依然手足無措。但我真希望如這孩子寫的，希望所有師者們真誠為孩子做點什麼的那些，都可以像深入經藏大海般的入了孩子心底。

請幫助孩子，幫助可愛的孩子，在任何關卡，包括生死，我如此跟上蒼祈禱。

附錄——一個孩子寫下了一篇名為〈十八歲〉的文章。

滿十八歲那天，剛好是三一八學運退場不久，我在全班面前許了三個願望：關於自己、班級和台灣。

我希望三一八的大家（高三班級就是三一八班，畢業服上面寫 When We Are Eighteen）都去想去的地方。然後希望台灣一直是一個自由民主的國家（真的不太確定說什麼但跟自由相關啊哈哈哈，那時很喜歡台劇《我的自由年代》），最後一個願望在心裡默念希望未來能讀人類學。

後來的願望有些默默實現了，高三時的回憶也都放在心裡。還沒十八歲的我，因為學運，開始了我的民主啟蒙。

昨天在倫敦亞非聽了語言學研究，分析太陽花學運的認同論述。過程中好像又重新拉回那個十七歲的自己，沒有手機網路，只好每天從宿舍走到附近的7-11買報紙，放學用宿網看政論和新聞，在午晚餐時間多待在地下室的餐廳一點，就能多看到新聞台的報導；我的十八歲，還沒談過戀愛，但對台灣，已經開始有心動的感覺了。

我記得高中的國文老師潘如玲，在我們畢業時，請我們所有人站到椅子上，而她一個人小小地站在講台。

她請我們俯視她，而不是仰望她。如同電影《春風化雨》（*Dead Poets Society*）的結尾，「O Captain! My Captain!」

國文老師仰望著我們說：「有一天，我們的角色會互換，我會變老，而你們會變強壯，你們有力氣的話，要記得拉我一把啊！」

心中記著那樣的時刻。

覺得十八歲的自己站在教室的木質椅子上，如同站在世界的頂端。覺得自己無比強大、什麼都有可能的十八歲。我一點都不懷疑十八歲的人可以有的膽量和判斷。

——劉庭仙

創造前請放下控制——自己壓自己的壓力怎麼那麼大？

1

寫這本書時，老卡關。

卡在「我得好好寫」，卡在「我要寫出三十二年教書快樂極致祕訣」，然後就卡住了。我形容一下好了，很像喜馬拉雅五指山，我是山下那猴，五體扁到跟剛遇見拖鞋的蟑螂，觸鬚還抽搐，但兩眼空。都說意圖引導行動，卻不知道意圖也常壓垮行動。

我能脫離蟑螂狀態，是因為開始想起這幾年遇到好幾個優秀的人，那些條件好到讓我懷疑，自己是否前世沒像他們一樣燒好香。但他們仍覺自己不好，甚至很爛。

他們都曾在（或還在）生命高峰經驗，有的在學業，有的在財富，有的是顏值，有的是感情，共同狀態是目前沮喪低迷動彈不得，共同議題是都渴望一個更高的高峰到來。大家讚他們企圖心強，他們也慶幸自己戰鬥力旺。但不知道怎麼了，突然就寸步難行了，有的真的很像被魔神仔煞到，日陰月暗，魂魂渾渾難守。

我觀察到，那像是有一個很偉大的什麼來壓住目前看似渺小的什麼，而且越企求偉大，越渺小委頓。偶而匍匐幾步，才高興有點進展，下一個不知打哪來的巨大眼球開始檢視那幾步，說：「嗟！根本天差地遠。」

這時，比委頓更委頓的委頓來了，這一停又是數日數月，我甚至看過數年的，很優秀的，但寸步難行。他的父親問我：「明明都沒給他壓力，怎麼他還是沒力。」我說：因為自己壓住自己最重啊！

我開始想到以前帶學生狂野寫作時，我在黑板上隨手寫的句子：「創作，只是渴望與生命做深深對談。」有一個孩子來說謝謝我在他十七歲時告訴他這句話，考不上和考上研究所，找不到和找到工作，失戀或戀愛……無論身旁有人無人，書寫竟然真的像那句子說的，陪他一路往下探問自己，像是「自己跟自己在一起」。

我在微雨輕冷的，在一天還沒開始前的此刻，讀這個像是提醒的訊息。對啊，如果每一次書寫都在與自己更深的對談，那麼每一個對談哪有高低之分？那就是一個順流的過程！流水都會流入海，但水要流到何處再入海，這哪是我能規範的？這一想，鍵盤上的手就可以動了。

2

寫不出來時，我也問很多前輩。郝先生的答案最有趣，他用生命靈數判讀後，說我就是在教室裡跳舞的女人，好好把跳舞這件事說出來就好。我說這樣就好？他說對！

每當很優秀的老師跟我說，他退休後不想再管青少年時，我都懷疑我到底是沒盡全力？還是我真的沒耗力？因為我好像還是很願意和年輕孩子對談，我怪怪的？

我跳了三十二年教室舞嗎？而且是亂跳？是因著自己開心跳，於是孩子跟著開心跳，這樣嗎？到退休前都沒感覺想逃離孩子，是因為我只是在跳舞？

是這樣啊！跳舞而已，怎麼會累呢？也沒想上台表演，手舞足蹈可能比較不累吧？如果有人進來說要一起，就跳群舞，跳累了就說我累了，你們繼續嘿！休息夠了的就回來繼續，如果大家還一起就一起，如果沒人了，那 Solo 吧！也很好。

其實教書最後幾年，常有這種一起跳舞的感覺，不是真的跳舞，是在和孩子瞎聊時，那常會帶我進入一個平行時空的韻律感，我說我的，他們說他們的，然後一剎那發現我們說一樣的。很像圍著火圈跳舞，我跳我的，他們扭他們的，扭到一半相視大笑，說：「我們跳同一支舞耶。」賓果，擊掌，耶！大概是這個頻率。

跳舞當然也耗力。但因開心，但因認真研究自己舞步，所以沒察覺耗力嗎？是吧，這一想我覺得我也是全力以赴呢！只是跳那麼認真，是要出國比賽嗎？

3

有一次下課，我沒立刻離開教室，我一邊收東西，一邊說：「欸，你們有想過打開更多眼睛的感覺嗎？」問這句話的我，其實很想趕快說我最近想打開更多眼睛的體會。想表達的是我好奇不同思維去看同一件事的感覺，那讓我的腦會有一種膨鬆的歡悅感，每個突觸好像在閃光耶，讓我說一下……

學生從懶得理我，到似懂非懂之後，突然有個傢伙冒出：「吼！這很簡單，你講這麼複雜？不就是《火影忍者》（*NARUTO*）中佐助和哥哥鼬做的故事。」我得要避開他們轟地乍熱，圍來講台，七嘴八舌為我補充《火影忍者》，以及鼬為了幫助佐助，不惜名譽死得轟烈的故事。說到佐助看不到鼬用心那段，我嫌劇情太矯情，他們嫌我沒進入狀況。堅持要幫我補課。

於是我百無聊賴的耐著聽（因為快上課了，但老師我還沒發表完打開眼睛那個體會），我忽然知道：「對耶，是這個意思！」看《火影忍者》的我們在上帝「全知觀點」看鼬為佐助做的。而佐助只看他看到的。學生說我想打開的就是上帝視角啦！這下確認我懂，他們才願意繼續為我說鼬和佐助後續發展（真是一種補救教學的概念）。

這可好玩了！下次上課當我說到「不是人間沒有鬼，是我們沒有陰陽眼／不是世界不夠美，是我們沒長美的眼睛」這老套諺語時，他們沒抗拒了，不用叮囑，筆就拿起來抄了，因為鼬和佐助已經提前為「打開更多眼睛」做先備知識，他們抄得很嚴肅是怎樣？

好玩的是下一次〈赤壁賦〉來到江風水月迷人至極，我問何以洞簫客看了大哭？蘇大學士卻大樂？還協助洞簫客眼珠改看別處，最後也樂了，還笑到不知東方天白？這樣上完〈赤壁賦〉的學生，畫一顆目珠來給我當心得報告，我收不收？當然收啊！要不要手舞足蹈？當然要舞啊！整個蘇東坡加赤壁，火影佐助加鼬，大夥都來協助我們打開那個眼睛，不是嗎？樂嗎？樂啊！

這就是我的教室舞蹈，那我就寫我的舞蹈就好囉！

這是開始順順寫的原因，當然也和這十五年狂野寫作的訓練有關係。和學生一起狂野寫作時，發現這樣的書寫，會帶來接納臣服的力量，有時還得匍匐在地，屏息，讓他輾壓過去。狂野寫作跟某些時刻的生命，很像。

4

帶孩子狂野寫作是從二〇〇七開始，一開始帶我們這個活動的美麗老師稱它是「心情素描本」。在那個還不太清楚圖像力量的年代，我們幾個老師嘗試讓學生用文與圖做日常作文練習。回想起來，真的是勇敢的創舉。因為我們跟孩子說「寫什麼都可以」、「畫什麼都可以」，寫你現在最想表達的就好。

「這有危險。」曾有輔導人與專職作家跟我說：「你不會知道孩子會流出什麼？」意思是，「萬一冒出無法收拾的，怎麼辦？」問題是，我們都好厭倦學生鳳眼豬肚豹尾俱全，卻無真意；自傳說得這一生就要任重道遠去，其實掃地時間想方設法馬虎；更厭倦的是，教半天帶出這樣的孩子，老師我們到底是在認真哪一國的？要不要試試創作的手舞足蹈？

後來發現最難的不是鼓勵孩子表達自己，困難的是，老師已經準備好面對勇敢表達自己的孩子嗎？要知道當天大的自由來到書寫時，啥都有可能冒出。

一開始，我們把「表達自己」看得太正向。但一如日月陰陽並存，一筆下去跟一鋤下地一樣，沒人保證都能清泉噴出。不擇地而出的，常伴隨泥糞滿天。我遇過第一堂課跟我確認寫啥都可以後，便賊賊咧齒一笑從第一篇開始每篇滿滿只寫「幹」的孩子，學期最後，看著同學寫得暢快（還被我大力讚美），他才開始認真寫。他寫父母與阿公阿嬤住樓上樓下，卻整年冷眼不交談，全靠他傳話的事。「幹！」他說：「我從幼稚園做到現在，你們一邊叫我要聽爸媽的話，一邊要我對阿公阿嬤有禮貌？你們自己都不用做？」

也有學生整節課把成績通知撕成碎片，再一片片黏貼；還有一直昏睡，寫不出半字的。我說你就現在腦中什麼句，就寫什麼啊！

「真的可以這樣？」他說。「當然。」我說。

「我討厭國文老師。」他說：「這可以寫？」

「是討厭我嗎？」我問，實在很想大笑。

「應該都討厭吧！」他說。

「那就從這句話開始寫啊！」我說多好的句子，不要怕。

「真的可以這樣？」他坐起身了。
「當然。」我說過這節就是來玩狂野寫作的啊！
這一下筆，一發不可收拾了。
我真忘記他罵啥？說啥？只記得期末，他來問：「我可以當國文小老師嗎？」
我說好啊！然後他就一直當我的小老師，當到畢業。

5

寫論文時，我們強調第一手資料的珍貴。教孩子時，卻不重視第一念的可愛。狂野寫作守護的正是這個第一念。它是一個進入：進荒地，入叢林，潛深海，探空無。它也許沒有花園井然有序與恬然安適，但它生機盎然，容你探索。

於是遇到不寫或整篇髒話的學生很正常，就像也會遇到每節課自備彩筆畫出五彩繽紛像鳥的魚。他跟我說：「老師，那就是我。」還能遇到急急拍下公車窗戶照片給我，說「老師，我突然好想寫詩」的孩子。原來天落雨，水氣氤氳，車堵在路上的他，居然記起一個像詩的感受，沒筆？就寫在車窗吧！學生傳訊息來問：「這可以當一次狂野寫作嗎？」當然可以！我愛得不得了。學習重點從來不是老師知道你在哪？做啥？而是你清楚你在哪？做啥？你正遇謬思女神，還不狂野趕快寫？

還有畢業後還寄狂野寫作本子給我的孩子。這些遠方寄來的本子，有的用絲帶綁好，有的用訂書針訂住幾頁。「跟以前一樣，老師你不用看喔！」他們說只想告訴我他還繼續。害我每次用附上的回郵寄回本子時，都感覺我根本是樹洞。

我在演講時說給老師們聽，國文老師對我批改大量文字的狂野寫作，卻不太給評語，甚至常被學生交代不准看，說「略略翻閱確定有寫，給個分數就好，幾分都沒關係」時，幾乎覺得是天方夜譚。

我說到後來有一屆學生，在我跟他們說：「什麼是作家？作家就是做自己這一家！」之後，真有孩子來問：「只能在教室寫嗎？」「可以為別人寫嗎？」我以為他們想去街頭玩擺攤。

他們說：「我們想去誠品像作家一樣寫。」「你不是說作家就是每個人都可以做自己這一家？」於是他們辦了兩場在誠品的狂野寫作，每個人現場為人即席書寫，那天滿滿聽眾，我們沒排演！我請孩子像平時一樣，操筆如抄傢伙，直接上場說體驗，練直心對決。那個滿堂喝彩真的會深留心底。說到這裡，我像不像像更鬼話連篇了，但真的是真的啊！

6

帶狂野寫作到最後，發現它除了增強寫作力之外，意外收穫的是他能創造一個團體信任氛圍。這也是我班級經營裡頭很重要的一個隱形方法。很多班級議題，我會在孩子的書寫裡預先看見，不需透過抓耙仔告狀。因為書寫會比較專注在自己感受，先用文字和孩子的感受對談，像在疏通冰山下的情緒、源頭修復，很多時候，常常不知不覺就化開班級議題，水過無痕。

我認為狂野寫作受益最多的是我，原因是，我不只是引導學生寫的老師，我也是跟著寫的學生。我是國文系的，讀書時也寫文章。當老師後，紅筆改人文章多，藍筆寫自己胸懷少。偶有靈感，等夜裡坐定，想起筆，卻立刻被睡意淹沒。我能指導語文競賽，教聯考作文高分技巧，但我幾乎不寫了。

開始帶學生寫時，正是我最愛的阿嬤過世後兩年。我好愛我阿嬤，我好想也用我的筆，寫點紀念她給我的生命養分。但一提筆就掉淚，看起來還滿會寫的我，第一次知道：未穿越的感受，難化為文。這也是我後來很能接納寫不出文字的學生的原因。沒有人不會（不能）寫作，只是每個難下筆的當口，都是生命未穿越的關口。只是沒想到最後是在文字裡奔馳的學生，反過來帶我穿越了書寫關口。

狂野寫作的畫面是什麼？狂野寫作是這邊有人自顧自寫兒時記憶，吃吃笑著；那廂有人創作四格漫畫，安靜畫著；有人振筆疾書；有人趴桌不動；有人怒火正燒……寫什麼都可以時，「生命各自」是真實相狀。

我好愛這樣的教室啊！在那個鬆散裡，你有機會看見每個孩子的狀態。而我通常在這個時刻遊走教室，看起來像巡查，其實是順著文字的流，看看是否能適時給出一個「自以為」國文老師能給出的指導，對談或鼓勵或微笑之類的。直到有一日，我看著一個男生邊寫邊拭眼角？哭了。我繞過去，在他身後看看那個哭是什麼？

那是一個關於親人過世的書寫。但跟我一樣還在死別裡痛苦的孩子，怎麼就能勇敢說生死？一邊痛一邊寫，那字是斧鑿山巖，每一筆都是砍，眼淚掉，筆還在繼續。我在旁邊看著心想：我怎麼可能沒他勇氣？（老實說，我那時心裡冒出的是：「靠！」）

好的，這就是我那篇〈王爺公，阿嬤與我〉得時報文學首獎的起源。因為接下來我真的就跟著書寫了。那是一次撞進去的經驗，文字魚列而出，我只管不停手，管它眼淚一直來，反正我沒想給誰看，我只拚一個念頭：「阿嬤，我想你，我真正足想你耶。」一

我能記得寫完時，呼出一口氣。一坨淤塞從心口流動的舒服，完成了，我用書寫完成我的告別。當然，正式投稿前還是有修改，我又不是行雲流水蘇東坡。但我保留完全沒標點符號的結尾，我想留一個此次書寫的真實。那就是寫到最後，我根本沒時間去抓標點符號，文字來時，急急如律令的潮水湧入，筆歪字扭到一個極致醜，你還是搶著撈，怕一閃神，文字魚逝於墨黑的海。但那個文意不通，卻正通我懷，暢自己道。

這也是後來學生狂野寫作時，我一點都不在乎字。要工整？去練硬筆字啊！我只說：「快去抓你思緒，它狡詐如風，你得比風快。忘記限制吧！在這堂課享受那個自由，享受本自俱足的創造力，快，把握！」

這也是後來我敢一週一堂課給學生書寫的原因。因著自己寫，我知道這些寫出來，看似破碎凌亂的，每個都是我。這些真實我，還會在比賽、投稿或大考時幫我。只需歸納統整，去蕪存菁。考試要啥？除了結構修辭，更重要是情意。而結構修辭易學，真情真意難見，或不敢給人見。這也是大考後有些專家常諄諄善導說：「不要只寫爸爸死、

路邊攤販死、祖父母死，這些是老梗，更別寫愛情，你多大，能寫出什麼偉大愛情？」

親愛的大人啊，為何孩子會去套老梗？孩子生命如此新鮮，為何已覺得老梗才安全？是因為他對自己的梗沒信心？或是我們讓他相信，老梗才有得分機會？

7

我看過孩子要寫爸爸過世，寫著寫著卻開始說他很驚訝自己是開心的，為了解釋這個開心，他用一串排比控訴父親傷害家庭的罪狀；還看過孩子寫父母愛情終結在一包水，那個才國小的他，陪爸爸騎破破摩托車，幫已經在提離婚的媽媽送水過去，因為媽媽的汽車水箱沒水。他寫爸爸小心的用塑膠袋裝水送去，沒想到就在要交給媽媽時，塑膠袋破了，水，流一地。坐爸爸摩托車後面的他寫著黃昏裡，他看著蹬著高跟鞋的媽媽找人幫忙的背影，他說不知道為什麼，那麼小的他，就是知道爸媽結束了。那個說父親過世卻開心的孩子、感覺家庭要破裂的孩子，其實和以為無法接受阿嬤過世的我和自己五十二歲大病的我一樣，很難過。

但後來，都會過的。

於是，回到最前面，我說有人問我這樣書寫有危險，怎麼辦？沒怎麼辦，不用恐懼，宇宙不會把超過我們負荷的議題送到面前。如果真來了，來到的都是剛好我們能承擔的。如果真超過能力，請試試，那或者是正在助我們擴展的學習開始了。試試跟書寫一樣，不抗拒，只接納、臣服、投入。讓它領著進入一個不是腦袋能規畫的路途。然後發現往自己內在挖掘有多深，才有機會認出外在世界多廣。

十五年狂野寫作看似我引導學生，其實是孩子引我進入一個互相陪伴的系統，能分享剛剛寫好的溫熱文字，是非常溫暖的。當孩子說恐懼時，我能看見我的不敢與退縮；孩子說失敗時，我會看見我那荒蕪的夢想；孩子說不忍時，我就憶起了自己的柔軟。而當我認出肆無忌憚的自己，我開始欣賞孩子無章無則的狂野。

那些我正在教的，正是我需要學的。

那些你哭著問的，剛好我體驗過的。

那些我勸說你的，全是我渴望有的。

這本書就在這樣憶起教室裡跳舞的我開始……文字來了。

位置得自己說了算——你是來讓我知道你多討厭我嗎？

1

我想來說說發現「位置」這件事，我想說「回自己位置做自己」很好玩。什麼叫做「回自己位置」？講白話就是知道自己是什麼，做了什麼，還能做什麼？來說一個孩子討厭我的故事好了。說是超討厭，討厭兩年，高三要畢業了還是討厭我的想法與教法。

有一天下課，這孩子走過來說：「老師，我想和你說一件事。」

「急嗎？」我問。

「還好，有關作文。」她答。

「那先吃飯卡重要！好餓，我們快都去吃飽。」

剛吃飽，她又來，我認真說起承轉合，但她明顯心不在焉。我問還有其他事嗎？

「嗯！」她淡定的說：「老師，其實……我不是來問作文……」

「啥？」不然您來亂的嗎？我心裡想。

「老師，我跟你說，我現在很緊張、很怕。」孩子說：「但我跟自己說，我要學會說出來，不然失去機會，也許我以後就不敢說了，你可以答應我不生氣嗎？」

看她這神情，我也緊張，腦海裡所有重大班級問題，跑馬燈轉一輪。「好，我不生氣，說吧……等等，更正一下，我說我盡量，但無法保證。」

「好！我誠實說……」氣氛變得超詭譎。她說：「從一年級開始，我一直很抗拒，」她頓一下接著說：「你說什麼『夢想』、什麼『相信』、什麼『班級能量』、什麼『太極陰陽圖』……我不信，無論你怎麼說，我就是不要相信，我也不相信你是這樣的人。」

這裡麻煩暫停一下。請想像這個畫面：午休，一個下午還要上課到五點的、渴望午睡的、非常愛睏的老師我一臉有多茫然。心想，所以現在是專程來加深印象，讓我知道你多討厭我嗎？

「我從沒遇過『願意相信別人的人』。」她繼續緊張說：「我不相信你。雖然我看著你為我們班做很多事，但我知道我心理一直在抗拒。直到最近我才突然看懂你，我真的……」說著說著，聲音哽咽起來。「我真的遇到一個我一直希望她存在的老師。」她哭起來：「老師，對不起，我抗拒了那麼久……」

午休，一個肚子吃太飽、腆在這邊的我，太陽大大粒掛在那邊，我突然醒了。但還是怔看著眼前哭到說不清話的學生，心想：這應該就是傳說中的告白了！

2

孩子說她是在聽我上一堂國文課講故事時，突然相信我。那天我在班上談的是漢口路郵局發生的事。

那日微雨。人滿為患的郵局裡，一個氣急敗壞的年輕媽媽蹬著高跟鞋正在怒斥一個小孩，那孩子大約兩、三歲，含著奶嘴，眼淚鼻涕一大把，含糊不清吵要媽媽抱抱。吼！真的很吵，超會哭的，我的媽啊！

這個年輕媽媽生氣的說：「不准坐地上，地上髒髒。」但也不打算抱孩子。她說：「羞羞臉，長大了，不要抱抱。」

這個拗娃娃聲嘶力竭，賴地上陀螺打圈圈。媽媽不管孩子，就去窗口辦事，不明就裡的小孩看媽媽離開，以為媽媽不見了，這下真的放聲哭到飽了。

我很捨不得孩子哭成這樣，就雞婆去牽那孩子到母親後頭站著。比比手勢叫娃娃乖乖，不要哭，小娃娃還是扯著喉嚨一直哭。

辦完事的媽媽回頭看孩子哭，一股氣上來，說：「再哭，看我怎麼修理你，走啦！走不走？不走我不管你了。」說完高跟鞋真的蹬蹬蹬地離開郵局。小孩掙脫我的手，邊哭，邊一步步跟媽媽，小腳丫一下子就跟不上了。

那個當媽的好氣，「碰」一聲把車門關了，車窗搖下來喊：「給我過來！」

小孩抽抽噎噎哭，要往媽媽方向走，但路旁車子飛來飛去，好驚險啊。想著不妥，我又走出郵局去拉孩子走向車子，想說把孩子帶過去比較安全。沒想到媽媽搖下車窗吼小孩：「給我上車！」一聲響之巨大，嚇得我差點以為連我也要上車。

我幫孩子開門。人又雞婆多說一句：「小孩小，兇是沒用的，你可以……」心裡只是不捨，不懂這位年輕媽媽是去哪學用這麼粗暴的言語教孩子？或，誰准她這麼做呢？

這位媽媽顯然很討厭我這號雞婆。只說句：「關你什麼事啊！」

然後，踩油門！然後，噴走了？然後，留下在路邊，話還留一半在嘴裡的我，硬生生好難吞落。重點是，旁邊還一堆路人瞅著我——雞婆阿玲我。

3

這時，一位阿婆走來，對我說：「你做人真好，這做老母足無耐心！好家在有你！」

「你不知道我多感謝這位阿婆來和我聊兩句。」我在課堂上跟學生感慨幫人帶小孩到車內。（還兼當服務生開車門耶！）居然還被罵？吼！有夠衰，然後還整個人被一輛車拋棄，站在路邊。「說多尷尬就多尷尬！」我說。

全班大笑。

這故事花了我快十五分鐘比手畫腳講完，只好讓本來要上場的司馬遷排旁邊等，因為接下來還有一個真心感受要發表，司馬前輩麻煩再等我五分鐘嘿！

「但是，」我繼續坦白：「後來我上了自己車子，居然小小哭了一下，很誇張吧！但不是為自己承受了莫名的情緒，而是為所有得不到適當對待的孩子而難過起來。真的，好難過！難過到我自己都不知道在難過哪一國的？」

一個抱抱難嗎？孩子能讓我們抱的歲月有幾年呢？這麼急著叫小孩獨立人間？等老來再苦苦思索如何擁抱他入懷嗎？孩子的需求如此單純容易。大人為何要輕易毀了一個小孩親近的心呢！

「不過，」我說：「我願意相信這媽媽也許不曾溫柔被對待，我還是願意祝福這媽媽有機會學會如何愛她的寶寶……」然後，又開始阿嬤式的叮嚀：「如果以後你們當人家爸爸媽媽，再累都要記得愛孩子！」

「孩子不乖要修理沒錯，但要如何修理，我跟你們說要有方法……」結果司馬遷只剩半節課不到可以搬演了。這真放教學進度或評鑑尺規裡頭檢查，我看我已經不適任一百萬年了。

但，現在有一個孩子表面來問我作文，其實是要跟我說那堂「明顯沒上課進度」的郵局囡仔故事，讓她願意重新連結「信任」這個世界？這樣，到底適任還不適任？這堂課，到底有進度還沒進度？

我說這故事時，其實是無心。只是課堂上岔出去的一個聯想，從沒想要它變成一個引導或連結教案。就是有感、只是而發，如實如是，而已。

4

這就是我的上課模式。曾經，一開始出來教書時，我也很為自己這樣的教法羞赧。因為我很難照自己預定的上課進度，我總是岔題。

在升學為主的教育現場，剛開始我也常被學生或家長質疑。我曾像隻要把多出來的手腳收起來的章魚一樣想改進，卻怎麼收怎麼亂。但，老天好像有眼（這樣說怪怪的）。我要說的是，謝謝老天願意把機會給堅持想方設法，就要拚自己原型的人。我要說的是，這樣的我居然得獎，還是教育圈的一些大獎！但我其實清楚，這些獎不是來送我信心，而是給我方便。（我的信心可是我阿嬤給的，我很清楚。）

有位商業經紀人提醒我，那些POWER芬芳香香獎，都可以在名聲上鍍金。我說真的，每次看到身旁比我厲害一萬倍，還默默做著手底事，帶著班，領著孩子實實走，也沒想過要申請比賽，也沒時間整理豐功偉業。特別是一些偏鄉老師，光每天處理孩子食衣住行就忙暈時，我說我一點金粉都不敢鍍。

我很清楚知道，老天給我得獎不是我多厲害，而是為了讓我得個方便。讓我方便幫沒時間整理送資料比賽的老師們，大聲去放送說：「做你自己就好！」

每朵花都開它的樣子，那才是眾神花園；每個星子都亮自己亮度，才是無盡星空。沒進度，也可能出現美好維度。如果此念為真為善。沒方法，也可能產出魔法。

我都不好意思說我自薦送選ＰＯＷＥＲ獎的過程。那時我才教書還沒十年，也沒當行政，也沒參與團隊，更沒人推薦我，我是看到ＰＯＷＥＲ那個字好歡喜。哇，覺得沒錯。師鐸好重，ＰＯＷＥＲ好輕！我要這個輕盈。

我真的就這樣送出資料去比賽了。資料還沒打字，只用手寫，還手畫插圖解釋班級經營。但這個獎，好像守護我。讓我在分享一些沒名沒目沒模組的班經法，或收集被現場老師感動的帶班法，或我自己無厘頭創作時，它來，多一份讓人信服力量，方便我說「每個人都有ＰＯＷＥＲ」。

5

像我一直覺得時報散文首獎根本就是在為接下來四處演講，分享「狂野寫作」做預備，「總要有個名目去說吧！」不然從一九九〇年畢業到二〇〇七年，我何時練過筆了？

我只剩拿紅筆改作文的能力吧！居然一次就拿首獎？是一直到二〇〇七年之後，老想把沒章則、亂亂的、太過感性的自己收起來的我，開始和自己內在連結，才知道誠實的力量有多大；才知道最大的傷害就是自責，才看見不允許現在的自己做自己，是一個非常大的傷害。

而當我做自己時，教學和帶班，會和我喜歡的爵士音樂很像。多即興，走自嗨，你要我原曲重來一遍，我也很願意，但真的沒辦法。

當然即興有時會失靈，但說自己實證過的、有趣的、好玩的種種，真的會上癮。奇妙的是，失靈也不會妨礙得獎與好成績。

只是我知道好成績與得獎，是長長人生裡的小插曲與興奮劑，還真當不得飯吃。反倒是郵局囡仔這些日常體會，或學生午休告白一樣，看似柴米油鹽，但入心跟入口一樣，總是能養很深的靈魂。但說真的，這樣的課程很難高調，更難做成模組推廣。

請想像課堂，進門，學生懶懶的，老師還沒熱身，就只先說生難字詞，說著解釋……說著說著，咦！感受與經驗延伸出去了？還忽忽憶起一些故事？於是來說個故事吧！因著信任「真實引動真實」，所以雖然故事大多平淡，但說起記憶裡這些深刻時，神奇的來了，就像這個午休來告白的孩子一樣，太神奇。

看過《天外奇蹟》（*Up*）電影嗎？劇中主角小羅和爺爺聊著自己和爸爸的生活瑣事時，小羅突然說：「聽起來很無聊，但有時最無聊的小事才是我永遠記得的事。」這一句，真是讓生活中所有無意義的，都被認可意義了，我超愛這句。問題來了，無意義要看出意義，是覺察了。而覺察是冷暖各知的過程啊！

既是「各知」，卻要做出「共同」模組，這推廣可累了。有時為了看推廣效果，那根本還沒熱，明明冷死的，也要跟著喊燒？還沒冷透，再怎麼火燒心的，也要說已經很清涼？這不是做假是啥呢？

我相信每年幫學生看自傳的老師，應該或多或少都有「這紙上的誰？是我認識的那個誰？」的疑惑經驗吧！但疑惑歸疑惑，他就剩最後這個學習歷程要送，你要不要推薦？幫還是不幫？這樣就會知道有多少認真的老師在學測後，悶著頭幫多少學生改學習歷程了吧？

6

最後，我記得我跟這個哭得唏哩嘩啦，一直說對不起我的孩子說：「其實啊，了不起的人是你。」不是因為你能相信我，我才這樣拍你馬屁。而是，能轉變既有思維，然後還能把轉變感受表達出來，超了不起。

有趣的是，記錄這篇文章時，剛好有另一個孩子塞給我一張小不拉嘰的便條紙。上面寫著：「老師，我剛開始覺得你都在講幹話。」

她對於我老說要「用生命感受文學」這件事，覺得很幹。她說她又不讀國文系，最好用生命感受會得好分數，巴拉巴拉地寫一堆。其實這些巴拉巴拉，她平常上課常表達，或託同學轉達，我都知道，謝謝！而現在紙條最後，她說她發現真的要用生命去體會文學。「You change me a lot.」她對一直說幹話的我說。

害我不知道我是影響她幹話？還是生命？

反正教書每隔幾年，就會遇到幾個這樣的孩子。我習慣了嗎？

我不是習以為常。我只是知道：如是如實說，也有錯，不至於太錯。沒體驗的，我不會說。說錯的，有機會體驗更正確的，再和你說。但若沒機會，那只好你自己體驗了！

沒錯，這有點感覺這老師隨便嗎？但人生不就如此？哪個全然是？什麼絕對非？

我後來跟來問作文的孩子說：「我真的沒意思要幫助或改變你們什麼，我只是說我真實體驗到的（好吧！我應該說的是「我的肉體真正經歷過的」），我希望有更多這樣的時刻，會有像你這樣的孩子驚訝地跑來跟我分享：不管是對我、對你自己，或任何生活和生命裡的發現時，我就有個機會對著像你這樣的孩子，跟你們說你好棒啊，真的很棒！」

「你好棒啊！」我說。

她笑得亂七八糟，一直說我好好笑。「但真的耶，老師，我也覺得得我好棒！」

7

她說她剛緊張死了。但又覺得自己根本神經病，到底在緊張什麼，很想不要說了。但又覺得這個感受不跟我說，好像就要錯過什麼。

「老師，我好高興，講完的感覺好棒！」她說。

我給她一個大大的擁抱。開心的祝福她，就像年少時我的老師祝福我一樣。

「讓我再恭喜你一件事。」我的雞婆心又來了，想多說一點，於是多說一點：「恭喜你發現生命密碼，我們一生中的生命密碼有好多啊，每打開一個都會引來一股喜悅。例如夢想的力道，誠實的尊嚴，相信的喜悅，承擔的快樂，當你真正在裡頭嘗到了一絲滋味……」我自己講著都開心起來。

「你會捨不得放棄的。」我說。「你會想再多嘗一口再一口。旁邊人看著你是痴人說夢，但你知道你沒有。或像你今天吧！外表看來像是來跟老師簡單說個話，但裡頭你自己最清楚，你在跟過往的自己做了一次挑戰。」

「真的是挑戰耶！」孩子眼睛亮起來。

我也跟她道謝。「謝謝你來說話，讓我知道我是一個能讓人相信的人。」我很高興我是這樣的人，一個只是做自己想做的事，說自己想說的話，完成自己目前位置上能做的事，沒其他多的要利益誰？或做什麼？或因此而啟動什麼的想法，這是，我說這是「無使命感的在使命之河裡游泳」。很鬆的感覺，不太負擔。然後，如果居然因此改變一些固執，真的會油然感恩宇宙微妙的安排。

因為那不是用人的意識規畫的，那只是一個發生。

而對於發生，我們能如何？我們真的只能開心地哇哇哇！

二〇一二年後，在馬雅星子印記的學習中，我知道這個歡喜叫做「回到自己位置」。我稱它為尋回自己的星子印記，是歸位的概念。

回到位置對我來說就是「當你亮起，天地都亮了」、「當你笑了，宇宙好開心」。

陪伴都是愛——為什麼你不要被我經營？

1

大部分認識我的學生家長朋友，應該都會形容我是一個很 nice 的老師。

一開始我也以為我很 nice。後來才知道，我的 nice 不太像一般期待師長具備的那種元素，我看似諄諄，很能等待，其實只是相信「灑種子是我的事，開不開花是種子的事，得尊重種子」。

一開始我也以為我很熱忱。後來才發現我的熱忱不是放在研究帶出成果，我的熱忱比較像好奇。「好奇做這些要幹嘛啦？」我說。

當我不知道做這些要幹嘛時，我是一坨泥、不動的蛇、沙發馬鈴薯。但當我知道了，我是嗅到風聲的豹，從蛇狀態起身，老鷹盤旋，專注開始了。

比如二〇〇七年啟動的狂野寫作，當一起書寫的老師們，後來一個個因為繁重工作或個人因素，慢慢離開這個書寫脈流時，我卻一直繼續寫呀寫呀到現在。甚至和馬雅教學結合。而這些堅持一開始並沒有多崇高的理想，真正的原因就是我真的領略到書寫力量，這當然要繼續「灑種子」啊！不然呢？

「開不開花」真不是我能管的，但「灑」是我能做的，當然繼續。

不論是學生學測好成績，或誠品書店舉辦現場即席狂寫書寫的創舉，都只是源自於我知道書寫可以幹嘛了。

如果我不知道這些績效要幹嘛呢？那我就繼續保持好奇。

但越是因為好奇，越不只專注教案、帶班，只一心想解決自己疑惑的我，越覺教書好玩。一下子當演員（演憤怒相），一下子要當業務（推銷《孟子》真不容易），疫情時，秒變直播主（線上課自嗨）。退休前，我還是覺得這些二〇〇〇年後孩子說出來的觀點，依然常能讓我驚豔、驚喜，好吧，還有驚嚇！

但在教書前十年，在摸到了班級經營裡的神祕開關，分別是兩個脈絡（「班會」和「幹部」）以及兩個時間點（「期初」和「期末」）後，覺得帶班跟桌上拿柑一樣的我，也真的帶出班級風格的我，其實一點也不 nice。

那時進一個新班，我總想以最快速度定位班級。

來，班級幹部菁英出列，這是管理階層。

來，整學期的計畫擬定，這是策略實施。

而且為了讓學生有更大的視野，不只看見自己和一個班級，還配合學校行事曆，學校重大活動當然要放入班級規畫，一人一張計畫書，上面紅橙黃綠藍靛紫顏色自帶功能，當眾宣讀解說完畢後，全體就緒，超激勵。放心吧，跟著老師開始航向成功吧，YES！

2

這樣「自以為」規畫就有機會帶班成功的教學思維，在遇到一個不喜歡這套班級經營方法的班級時，終於喊卡。

這個沒帶多久的班把我氣到無法走進家門，直接坐門口大哭起來，先生下班回來，真心建議我進去家裡哭，他覺得這哭聲會被檢舉家暴。大哭是因為那堂自學課（那個年代還沒這個名稱）。那堂課我讓他們實驗一個自學的可能。我好奇他們過往學習的國文到底能力在那裡？於是在還沒講課前，我設計了學習單，要他們分組找答案——這在現在應該還是非常先進的教學吧！有的組別要用畫圖詮釋文章；有的要討論生活實例呼應課本裡他「讀懂的」的觀點；有的要用自己語言翻譯他目前能理解的段落，這是我把腦中靈光一閃的教案，自己搞了快一個月，還製作海報，寫滿引以為傲的ＰＯＰ字體張貼在黑板。當年教室沒有電腦，老師都走職人純手工。

結果，下課前，幾個皮皮的男孩走過來。其中一位說：「當老師很好賺齁，一堂課三百六十，坐前面看我們就賺到了。」

如果是後來變成「老師阿嬤」的我遇到這樣不知輕重的句子（真的，有時孩子也不知道他自己在說啥，有小學老師跟我說，他的小二學生也跟他這樣說過，孩子說那是聽爸爸媽媽說的），我一定直接請他清楚說一次他的用意，我會當面請他說說為何這樣說？也許我真的做了讓你不舒服的教案，但「你這樣說，我感覺很不舒服」。

但我那時不是「老師阿嬤」，我是「很會帶班」的老師。我不能露出失敗與失望，我只能好好感覺胸口插一把刀。但我無法摀住流出的血，我只是像仁慈的師長一樣微笑說：「我做得很認真耶！下堂課你就知道。」那個孩子瞪大眼睛說：「你還要再這樣賺三百六十喔？」

我不是無法或不敢教導（或訓斥）這個孩子。而是因為這個班級和我過去帶的不太一樣。學期才剛開始一個多月，我可以感覺他們就是不喜歡我這個導師。而來前面說話的孩子，他是班級裡比較有力量的發言中心的那一群。

沒錯，跟所有團體一樣，孩子再小，教室裡也是有分為主流，次流以及邊緣。我既然察覺班級主流派孩子不喜歡我，無論如何，當時的我是不會讓這個小小的一堂國文課結尾的輕率對話，繼續讓師生關係上雪上加霜……

才開學，不是嗎？這怎麼可以。

我不明白的是：跟過去一樣選幹部，一樣安排計畫，一樣快速抓到經營一個班級的脈動……

每個一樣都一樣。但是，為何不一樣了？

3

記得我在台上跟這個班說班級共識，隔週有人週記寫著「不要做政令宣導」。我想，也許這班不喜歡硬梆梆說教。沒問題，我超會帶班，來約午餐對談吧！班級分小組，午餐拿便當來亂聊，也可以形成共識。

結果同學說：「你很像在分化我們。」什麼？我？我分什麼化？不輕易放棄的我，覺得孩子只是不懂事，沒關係，也不用分組了，一個一個對談吧，這樣誠意十足吧！沒想到週記裡有人來說：「他們不喜歡你一對一洗腦。」天哪，我真的傻眼，動輒得咎原來是這個意思，而且還不由分說。

真心誠意，招數盡出，結果還被這樣對待的我，每天進教室、升旗、上課、考試，做什麼都覺呼吸困難。帶這個班時，我流產一次（不是要怪這群孩子喔！先暫時不要結論），我最終沒帶完這班，畢業前，懷孕末期有狀況，我開始安胎。

而我到他們畢業，都還是不知道他們為何要這樣對我？

一直到二〇〇七年，我開始帶狂野寫作。一日起念，不如試試回憶這個班級看看。從抽離的位置描述當時的教室。

誰知，寫著寫著，我看見接一個新班級時的我，原來是只急著展現擅長經營班級的我，沒看孩子的臉，沒讀孩子的眼。我寫著：「學生像是一個一個編號的員工，我的眼睛很精準，我看向遠方的目標，我沒看他們，我告訴他們快透過這個模組，在我的帶領下，班級會多好多好，我沒眼睛，而他們的眼睛並沒看向我指出的方向，他們只看我，而我沒看到那裡面需要傾聽的靈魂……」

我繼續寫的這一句，也是後來做班級經營演講時常分享的句子，也是我教書歲月裡很關鍵的感受。它要從冰山上的班級經營，轉入冰山下的能量共振。從外要回內，要帶人練習張開另一個眼，這隻眼要看見教室裡看不見的能量。

我寫著：「沒有任何一個生命想要被經營，生命渴望的是陪伴、是愛，從來不是被經營。」

寫的時候，我哭了。我繼續寫對不起，對不起……好多對不起直直從心冒出。原來他們用了青少年最善用的方式，用叛逆告訴我，「我們需要真實的陪伴。」

但那又如何呢？已經二〇〇八年了，快要十年了。當年那些孩子去了哪裡？根本不可考了。就算可考，遇見了又要說什麼？要怎麼解釋那個對不起？

4

這個故事接下來發展，讓我看見「懺悔」有真實力量。

不用擔心人已散、事難追，當懺悔起念，聽聞就成了可能。二〇〇八年狂野書寫完這個班級後，其實我也就擱著了。直到小女兒小班時，居然一個當年的學生來了。

記得當天校慶，外面下大雨，我帶兩個女兒玩了麵粉打仗，全身白撲撲的要離開學校穿堂回家，兩個小娃娃很皮，東跑西跑跟我玩鬼抓人，說還要玩，不要回家。女兒把我轉得跟旋轉木馬一樣累，但我一眼就看到穿堂台階下面，一個男孩帶著一個女孩來，在雨中撐傘筆直站著。我認得出他。是那個班級的孩子。

「我來找老師好幾次，都沒遇上。」他說。

「不先打電話？」我說。

「老師以前說喜歡隨緣。」他說得我大笑起來。

「老師，我今年博班畢業了。」他說他最謝謝歷史系給他最大的教導就是：「所有做過的，都是要負責的。」然後他說：「老師我今天來，是要跟你說……」

他把雨傘交給當時的未婚妻，也是現在的太太。然後，就在雨中，在台階下，對著在穿堂、一邊一個女兒拉著我裙角轉圈圈的我，他深深鞠躬，說：「老師，對不起。」

這感覺好微妙，在多年，在這麼多年、這麼多年之後啊，一個孩子跑來說對不起。這讓那年輕時自以為很認真、但感覺被辜負的、後來這些年知道不是被辜負、而是被點醒的我，突然全湧入腦海了。我，眼眶紅了，但還想假裝沒事。

他說其實他後來就看懂我當年在做什麼。但年輕啊，團體的力量啊，這些都讓他無法幫我說什麼。

「但老師我真的懂你在為我們做的。」他說：「我很抱歉沒有幫你。」

這下就無法掩藏眼淚了，我紅著眼眶跟他說我好感謝你來，真的，非常感謝。除了收到這個真誠的對不起，我說：「你知道嗎？在這之前，我也剛跟你們班在心裡說了對不起……」然後我把故事說給他、還說了陪伴與愛才是教育關鍵，從來不是班級經營。而這孩子後來也當老師，很多前輩同行很稱讚他。

後來，我還在一次排隊看劇的時候，遇到這個班另一個孩子，他熱心幫我安排座位，還請朋友陪我找我那個差點跑丟了的皮蛋二女兒；再後來，上網搜尋資料時，意外看到幾篇部落格，寫著對高中國文老師的抱歉，說是在他出社會，每次想要創新什麼，而在公司被打壓時，就會想到當年國文老師在班上被大家攻擊的樣子。

我靜靜讀著文字，微笑著，流淚，深深地，祝福他。我記得這孩子的名字，他說的那個老師就是我。

5

奇妙的是，在這個班級後，我得到高中組台中區的ＰＯＷＥＲ教師獎，再之後，遇見的孩子幾乎都是天使投胎的。我依然運用我熟悉的「班會」和「幹部」力量，在「期初」和「期末」和孩子一起創造一個班級，只是我不再是「帶領」，我練習「陪伴」。

有一次校外研習，課餘大家閒聊，一位看起來就是說風有風、要雨有雨的老師閒聊他如何超有技術的（其實就是灌票），偷偷「拔掉」學生用紙張票選出來的幹部。他說得非常認真，也聽得出來他很為班級好，因為班級選出來「無法勝任管理」的幹部，他覺得對班級傷害更大。而安插另一個他屬意的學生，會讓班級快速上軌道，他結論是「用對人，很重要」。

「為什麼想這樣安排？」我問。

他說幹部太重要，選對了，老師省事；選錯了，簡直是給自己搬磚頭砸腳。

我問，如果那個學生真的很渴望當幹部怎麼辦？

他說那就等到他有能力，再來當幹部，畢竟這是班級的事，要以班級為重。

我想了想，繼續好奇：「如果那是你的兒子或女兒呢？」這樣白目的問話當然是沒有被回應。

我自己在二〇〇〇年後，在看到數理資優班男生選幹部後，決定不要再讓出來做事的孩子當人才被用，在他們跟我說「幹部就是抓耙仔」、「幹部就等著被公幹的」後，我真的很認真思考幹部是什麼？

我想把幹部當人物被培養。

沒錯，班級幹部應該被當千里馬來培養的。

那次我看到這群資優班男孩（意思是未來台清交成政的高才生）選幹部時，斜著眼努著嘴竊笑著，說選那個「和老師槓的出來當班長啦」、「不掃地的當服務啦」、「最吵的當風紀啦」一時，我心裡慌起來。

我說你們知道你們在幹嘛嗎？你們在邀請懲罰的能量進班管理你們？這是一個惡意的邀請。而你們不知道你們將會在這個惡意裡面，最少待半年。

而你們是誰？

你們將來都有可能是金字塔頂端或附近的人。你們很可能就是台灣未來的管理階層，如果連你們在選一個團體的管理者時，都不知道尊重，也沒帶善意，將來你們長大了，我老了，台灣、世界，或這個宇宙要給你們守護時，你們會怎麼做呢？

「來，我們這節課就煞煞去了啦！我陪你們好好選一次幹部。」當時只是他們國文老師的我這麼做了，實在有點雞婆。

但是我喜歡這樣的自己。

當你很重視自己，你會很愛自己。

當你很愛自己，你會重視身旁的發生。

當你重視身旁的發生，你會開始愛他們。

然後，陪伴就變得很自然，這時候的 nice 是連自己都很喜歡的 nice。

歲月靜好那種。

魔法在心不在咒——不是應該規畫好了就沒事嗎？

1

剛當老師，總以為要做點啥才叫創造。後來才知道，不說不做也是創造。它更像一個魔法。不是那種：好的，我允許你現在什麼都不做，因為等等我會看到你創造。而是真的相信：即使不說不做，也是一種創造。

這就要說說教室裡常常遇到的一種孩子。他們看起來散散的，不太是中心人物，但也不至於邊緣。討論班務時，可有可無的舉手，當然大部分時候都不舉，總說看大家如何就如何，感覺隨便得很。剛開始教書，我好希望鼓勵這些散散的孩子積極一點，想讓全班熱度一致。比如一起掃地、一起喊口號，一起、一起、一起……畢竟，看到隔壁班老師可以把班級帶到團結一致時，真是羨慕。

感謝教書夠久，讓遇見這些散散孩子的我發現：沒一起，有時候才是真一起！那些散散的，有的是真隨便、還沒長主見。有些散散的，卻是隨順、早已生定見。

有一位現在在當導演的學生，高中時的她好靜，沒什麼話。我對她的印象就是二〇〇四年她一個人幫班級教室布置超大飛行船，船還穿破出畫框。

這個少言的她卻在聯考前，在複習進度吃緊的某天，直直走來辦公室說一大串。大意是想借課分享蔡明亮導演的《天邊一朵雲》。我看一眼她遞來的電影簡介，一顆被雙腿夾住的大紅西瓜。

我說：「限制級耶！」

她說：「沒看電影還好啦！」（所以你看過了，我OS。）

我說：「很感動嗎？」

她說：「很感動。」（然後呢？我OS。）

激動到好像發現新大陸的她，好像有聽到我的OS，說等等上課她想分享。（等等的意思是，你立刻馬上要上台？有這麼迫切？我繼續OS。）

因為實在太好奇她感動什麼？於是我還真的答應借等等上課前十分鐘，給她說說她口中得到第五十五屆柏林影展「最佳藝術貢獻」銀熊獎的電影。結果，她講了一節課，全班安安靜靜。

我完全忘記她說了什麼，只記得她講述時的熱。結果，她到現在還在繼續拍電影，在台灣、法國、中國等地還得獎，我還是不知道她得什麼獎，只知道後來幾次約吃飯，她還是那個少言，會趿著拖鞋，散散來吃飯的女孩。但你知道她認真的時候很認真。

2

舉上面那個例子其實還不太精準表達「不說不做也是一種創造」。因為這位導演後來的成果，還是很容易讓我產生一種等待。那讓現在的「不說不做」只是過渡，讓「現在」的存在，好像全為日後做預備而已。於是「未來」就變成期待的終點。

那萬一這個發生沒發生呢？我的意思是：萬一他沒有期待中的美好發生，我還願意欣賞，願意認現在的不說不做，是一種創造嗎？帶學生的經驗是：當然算！

所以，我再試試說說其他孩子的例子好了。

這個學生也是少言的，比那位電影少女更安靜。班級討論時，幾乎只用眼睛在看。雖然私下和死黨一起時，聊動漫也是滿嘴屁話，但只要讀他的作文，我總會感覺一個小和尚在說話，穩的，幾乎修行者的氣息。

他不算是成績不好的孩子，畢業後輾轉幾個工作卻很特別，例如植栽公司種樹員工、葬儀社禮儀員，工作空檔他去做志工，參與各種宗教團體，但不是迷入那種，而是深入探索那種。這在同齡孩子當中，是很特別的。他繼續在一個不太符合他這個年齡的創造上，我是說用成功定義來看，他幾乎像是不說不做，原地打轉。

但你知道嗎？遇到一些生命議題時，我是那種會聽聽年輕孩子看法的大人。我會和孩子交流看法，互相諮詢。他是少數只聽我說，不太會問我問題的學生，直到有一次，我們約吃早餐，他說老師你要不要問問我，我應該都能試著回答你喔！

我真的問了他一些事的看法，非常有趣，他說的是真的。他看起來還是散散的，但我知道他在他自己的軌道航行。他也會悶悶不樂一下，但大多時候是自得其樂。我對他有種奇妙的放心，也好奇他這樣繼續真實的體驗，會創造出怎樣的生命？身為長女的我，習慣承擔大小事，不敢太散漫的我，因為這些散散的孩子，也開始思索：那些看來散散的力量帶來的，好像有出乎意料的力量。

3

寫到這，突然想到很多師生間的感人故事。想說也來寫寫我的學生在我的點化下，穿越什麼困境？念了哪個名校？做了哪個董事？或得了哪些大獎？應該也有這些人吧！我想很久，但我想大笑，我真的說不出那些精準的資料。我想到的怎麼都是孩子的臉，頂多記得年少的他們跟我一起創造的那些有的沒的事，其餘的，忘了。

這讓我想起女兒小時候，我陪他們睡前悄悄話時，大女兒說了一個她認為是天大祕密的祕密，囑咐我不可以說出去。我正要保證我值得信賴時，幼幼班的小女兒搖晃著小腦袋瓜子說：「你放心，媽媽聽完就忘了、忘了、全忘了。」這就像學生聽完我對他作品的讚嘆後，嘆口氣說：「如玲，你知道嗎？你一定忘了你看過我這篇了，對嗎？」真的嗎？我看過？真的假的？我驚訝到下巴要掉了。學生說：「是的，而且你讚美的句子，和之前一模一樣。好啦，可見你說的是真的！」

這就是我啊！真的忘了這些，但真的記得那些，真的認為不說不做也是創造。

來說說我在課堂上不說不做的創造好了。多元選修剛開始時，我接了一堂叫做「經典閱讀」的課。是高三孩子，是那種學測後來選修的自然組孩子，一群接下來會把心思放在寫大學申請履歷，或準備指考，沒啥心思跟你多元的孩子。但我心裡真轉出想要透過一本經典書，帶學生體驗一個停頓的力量。我不確定怎樣的書算是經典，於是還去查到底什麼是經典。我看到二〇〇二年諾貝爾文學獎得主柯慈（J. M. Coetzee）在得獎講詞〈何謂經典〉裡提到：「思慕和思考，或早或晚注定都會出現在許多作家生命之中，成為他們困惑的一件事。」

賓果，那不就是《心經》嗎？才兩百六十絕少字數，卻溢於言表，又脫穎而出。更是每個人早晚在生命中都要遇到，關於「色與空」、「物質與精神」、「現實與抽象」、「有形與無形」等如何平衡與轉化的議題，這怎可以不讀？於是，這本在我心底位居書王，和《金剛經》並列的《心經》，在勝過六大奇書、四大史書後，在同事好奇這要怎麼設計課程之下，《心經》堂堂出列。

但心如猿馬，不靜如何讀心？為了讓讀《心經》前的孩子，先換頻率，於是盡量奢侈的讓學生進教室後，啥都不做，聽音樂就好，聊聊天也好，先確認他們大部分安住了，我才進課程。這部分主要是調整教室外的動能量，準備進入《心經》的靜能量。

然後再分三部分：第一部分是講述。用動畫影片或科學觀點帶讀「我目前感覺有體驗的句子」（不是我懂的句子，也不是標準答案），以後若有新體驗時，也許也會推翻自己。

第二部分是閉目靜心。有孩子來說這個閉目讓緊繃一個禮拜的他，感覺真的有休息。但當然也有不喜歡閉目的孩子，我就請他睜眼看我，或選擇睡一下，沒有一定如何，這時間只希望孩子有機會接觸到和諧的 α 波，好好睡一下也可以的。

第三部分則是重頭戲，抄寫與狂野寫作。每堂課我要他們聽或不聽音樂，抄寫一遍《心經》，嘗試在兩百六十個字裡，放慢筆觸，邀請自己感覺在沒有解釋的狀態下，每個字在自己筆端流動是什麼感覺，有沒有任何想法冒出？或沒想法，那又是什麼感覺？然後我就看到之前課程裡沒發生過的畫面。

4

有孩子來說抄《心經》時，兒時幫阿嬤撥土豆的記憶回來了，問題是阿嬤過世時，她沒什麼感覺，寫著寫著居然想流眼淚？我問她那是什麼感覺？她說不知道，因為很久沒流眼淚了。我說太棒了！那就好好讓眼淚流一下。

有孩子來說抄寫時，突然覺得最近填志願時的焦躁停下來了，但立刻有另一個更煩躁的事浮上來？我說很好啊！後來呢？他說後來本來想不要抄了，很煩。但因為老師說規定，我說：「我沒全規定，只是半規定，我堅持你很自由。」他說：「好啦！反正就是懶得做其他事，就繼續寫。」我說然後呢？他說然後寫著寫著居然又靜了。真好，我真的覺得好幸運，就恭喜他。

情緒如水呢，浪會起，浪也會落，風雨再強，從來也沒法終朝終年。寫個《心經》就能體驗到這，這怎麼不棒？太棒了吧！

學生就在這樣半開玩笑半認真的狀態下聽我說《心經》一學期。但是到最後，成績放榜了，沒考上的得繼續拚下一攤了，說真的，《心經》和我也按耐不住請假的孩子了。我最後還坐得住抄經的不到一半。特別的是，其中兩個是還要指考的，還是很認真來。我看著心裡歡喜，心底祝福他們去到剛好能給她們最多美好的大學。

最後，孩子寫回饋單時，我請他們想像介紹《心經》給比他們更小的光速孩子。

有孩子謝謝我讓他在這堂課休息，他坦承他都在摸魚。有孩子給我眼睛一亮的句子，我想這些應該就是制定課綱時，希望這群自然組孩子會因為這堂文學經典，回眸跟文學一起傻笑的那個畫面吧！

5

因為這些孩子，我學著三分懶。這三分放下規畫，放棄控制。三分閒是最深功課，它讓七分忙有了清晰與甘願。每天保留一點沒有任何企圖的發呆、玩樂或不說不做的靜默時光。在這些無厘頭的時光裡，和自己相處，和單純力量同在。好玩的是，學生沒因此變得更懶或更積極。他們只是長得更像自己，然後好像都還滿開心的。

還有一個奇妙：我更安住教室了，更能看見教室裡的春夏秋冬成住壞空。說都是自然也是必然，不用擔心。這樣的安住讓我好像一滴入海的水！雖然小小一滴，但決定入海了，水滴就不只是水滴。成了海的水滴，焦躁化去，如鹽入水，似雪遇日。這個發現讓我更理解散散孩子的隨順。

隨順就有機會跟著翻轉不怕。冬就有冬的樣態，不再春天裡想念冬天，冬天渴望春天。可以跟海上下起伏、玩翻騰或蓄勢；還可以放手體會生活中悲喜，哭時敢放聲，笑時不怕樂極，反正下一刻也許是悲，也許是喜，但就是繼續生活，沒什麼。

附錄——

我把它整理出來，一起來看看這些高三學生如何對比他更小的孩子說《心經》吧：

- 孩子，我跟你說。《心經》就只有三個字，叫做「觀自在」。後面的文字都在幫我們解釋這三個字。觀，就是世上所有一切，實、虛、物質、意識，空間時間所有維度，都是「觀」。而自在就是無方向、大小、邊界的漫遊，存在「觀」之內、中、外，在太極陰陽圖就是中間的正弦波弧線，而實與虛交融，彼此存在。成為「心」經想在觀中自在，唯有將心打開，只有真，才有空。
- 親愛的孩子，我觀見的《心經》跟其他經不同，很短，一下子就能唸完，唸的時候要慢慢唸，不好唸。唸的時候不懂它的意思就對了，其實我也沒有很懂，但就跟媽媽說的一樣，長大就會知道啦！謝謝如玲老師，以後我想起《心經》都會想到你的，溫暖的感覺，讓我以另一個面向重新給《心經》下定義。
- 《心經》是「空」的感覺，世界上許多的事情，都是不增不減，不生不滅的。例如，爸爸媽媽對你的愛，月亮的陰晴圓缺等等都是，也許有感覺到變化，但其實只是觀看的角度不同，本質上都不變。不要有太多的顧慮、煩惱，世界上的一切就好像是一場空，不管如何還是一樣的。《心經》也許第一次看會不太懂，但只要有感受到你自己的感覺和想法，那就是《心經》所給你的東西，沒有真正的對或錯。

• 我跟你說，我觀見的《心經》是一段飽含能量的文字，在第一次遇見《心經》時，只認為是一段艱澀難懂的文字，隨著每次的閱讀和抄寫，都會有新的體會和感想。

第一次的抄寫時，我的腦中只有一片空白，就只是漫無目的的動著筆，而在第二次的抄寫時，腦中也想著煩惱的事情，一直到第三次的抄寫，這次在抄之前，我慢慢閱讀了一遍《心經》，在其中找尋著讓我最有感覺的一句話，那便是：色不異空，空不異色；色即是空，空即是色。這句話是我們常能見到的一句，但直到這時候，我才開始嘗試去了解其中意義，也明白了這句的意思是一切萬物最後皆成空，空即是物的本質。而我個人對這段話的解讀是，將世俗的一切丟棄，把一切都看做空，就可以看到人最真實的樣貌。即使我仍然無法完全理解《心經》其中蘊含的真正意義，不過在閱讀《心經》，抄寫《心經》的時候，確實讓我煩躁的心，享有一陣安穩祥和的平靜。就如同如玲對我們的祝福，我們將對《心經》的感受傳遞下去，祝福你的學習，一路貴人相隨，一直到你也剛好成為別人的貴人。

• 《心經》是對萬事萬物恭敬地共振，既是謙卑，也是慈悲。透過當下的覺察，記起內在的小孩，他／她的聲音，對宇宙萬物充滿慈悲。不要討厭自己、不要怨恨別人。否則，即便擁有眼睛，也無法看清真正的世界。當慈悲蒙塵的時候，主觀的意識操控意識，我們可能因不真實的眼鏡，而看到扭曲的人生。你主觀地以為那是真的，其實那只是幻相。而這樣的事情卻可能占據了人生超過一半的時間。

- 《心經》值得令人省思，通篇經文運用了大量的排比文句，如：「無受想行識。無眼耳鼻舌身意。無色聲香味觸法。無眼界。乃至無意識界。無無明。亦無無明盡。乃至無老死，亦無老死盡。無苦集滅道。無智亦無得。以無所得故。」這一整段不斷的大量重複「無」字，「無」代表無所得，代表一切虛無，所以這一段經文的意涵說到底其實就是一個「空」字。不論是感官、行為、思想，一切看似有形體，真實存在的物品，其實一切皆為空、皆為虛。而經文中「乃至無老死，亦無老死盡」二句則是呼應佛家的輪迴說，佛家的重要核心論點為：認為人死後會不斷的輪迴，所有的因果報應會在下個輩子反映到自己身上，所以不會有「老死盡」之說。

我認為每個人都應閱讀一次《心經》。

我第一次接觸到《心經》是在國小的時候，當時爸爸熱衷泡茶，購入了許多各式各樣的茶壺，其中一個最特別的茶壺是一個褐色的、胖胖的茶壺，它上面抄滿了《心經》，我每次在喝茶時，都喜歡看著上面的《心經》，反覆的念，但我始終沒有認真去思考其中含意。直到上到如玲老師的《心經》課，才有認真的去思考其中含意。《心經》令人感到平靜，教我們開闊心胸。

- 《心經》是令人舒坦的。在抄寫時從未有任何負面的想法，完全是一副空殼在寫字，對於靜不下心來的人來說很有用。其實我也不太清楚內文，聽了如玲的說法，似乎是可以有不同的解讀方式。《心經》不停重複，對我來說，一直重複同一句話具有催眠的效果。正因如此，我才會覺得很舒坦，很快就能入眠。《心經》就是用來療癒身心的，或許具有宗教的意義，但不一定要被設限，可以不用當成經文，就當作是看不懂的催眠文言文來看待就行了。這樣一定也會有讓心裡平靜的效果。
- 《心經》是個很奇妙的新世界。在這個世界上有很多的東西值得我們一起去探索，像是不同的國家，大自然、人造風景或者各式各樣的人們及動物。這些我們能夠碰觸到的東西叫做真實。比如說，現在在你面前說話的我就是一個真實的人。而《心經》這個經文所在描述的就像是一種虛幻的新世界的感覺。我們在理解這樣的境界下，能夠進入一種完全不一樣的狀態。首先，如果你的數學題算不出來，就會很焦躁，甚至感到生氣對嗎？吃到好吃的糖果，與朋友一起玩樂時，就會覺得快樂對吧？這個經文就是在告訴我們，這一切其實都是一樣的。

可是快樂跟難過，怎麼會一樣呢？這就是很超乎常理的事情了。

人啊，活到最後都會死。而我們活著時能做的是什麼呢？當然是實現自己想要的事情，看一場電影，交一個女朋友，組織一個家庭，甚至是當上大老闆，都是我們能夠在人世間做到的。畢竟到了最後，一切都是空，而空也就是一切。

這麼簡單的道理，我會怎麼運用到生活中呢？

比如說當我遇到考試很緊張的時候，我會告訴自己：一切都是空的，也一切都是滿的。因此，我考得好不好也不會影響結果，既然如此，我能夠做到怎樣就做到怎樣吧！這樣可以緩解我們的情緒，也可以讓自己的境界更加提升。

再來，當我們遇到一個很討厭的人啊，我們還是可以告訴自己，一切都是固定卻又多變的，我也不必去跟他人吵架或故意找對方麻煩，只要日子過得舒服卻有目標，充實卻又浪漫就可以了嘛！如此矛盾的感受，還是要自己活著感受一下才能慢慢理解呢！我也正在慢慢體會當中。既然一切都是如此的多變且不變，我們就相信這個道理來讓我們在人世間時更加快活就好了。所以孩子啊，我們都擁有無限的潛力，無窮的智慧，而我們能開發到什麼樣的地步就開發到什麼地步吧。

探問就是答案——被我打的孩子

1

一九九〇年我畢業分發到花壇國中，在那裡三年是我教書歲月裡「唯一」拿棍子打學生的三年。

這三年被我打的學生，也是我後來沒有離開教職的關鍵班級。他們讓我靜下來思考教師、教室、學生是什麼？打罵就不是愛的教育嗎？這些疑惑是我教師生涯的起點。

學生時代不發問的我，當老師後，反而鋪天蓋地問起來。比如：我支持體罰嗎？

一九九〇年是老師能搜書包、查頭髮、家長還拜託你修理孩子的時代。但我自己國高中時，就老為了耳下超過一公分的頭髮被懲處。當老師後，我第一個討厭的就是朝會時檢查儀容，特別是把手伸入學生頭髮，只要頭毛超出指縫就要叫學生重剪的事。

那讓我不舒服。操場熱氣蒸騰時，我全身毛孔噴嫌惡黑煙。不理解多那幾根毛是可以造什麼反？青少年時對自己身高容貌不滿意的我，那幾公分可是我冒出水面吸到空氣的墊腳石啊！

學生的不爽我知道。因為當學生時我也不爽。我只是不懂當老師的我還在不爽什麼？不是媳婦熬成婆了？

但剛出來教書的我，和國高中時的我一樣有怒無膽，也沒能怎樣。我過去是乖乖回去重剪，現在我就叫學生乖乖回去重剪。頂多對幾個真的很乖的，知道他和我一樣在乎頭毛的偷偷放水，小叛逆一下。但打學生？我就不行了。打學生應該是當時一個全民運動吧！身為老師不可能豁免。

我記得受日本教育的外公聽到我要當老師了，歡喜的問我：「政府敢有配刀厚汝？」（政府有配備軍刀給你嗎？）

「佩刀？」我睜大眼睛，「阿公，我上學帶刀？按捏敢好？」

「阮日本時代，せんせい（先生）攏騎馬佩刀，真正是威風人尊重。」阿公拿出一本用紙糊到不能再糊的字典，說是他小學老師送給他的什麼「賞」？阿公說得慷慨而激昂時，我整個腦海都是騎大馬、兩撇仁丹鬍、一手持長刀、一手拿字典的日本せんせい，當他把字典遞給頭皮泛青的小男孩阿公時，日本太陽旗發光，我有點發抖。

2

我跟外公說：「沒有刀啦！但我有跟大家團購棍子。」我有什麼棍子呢？我有一條削下去，讓你永生難忘那種長藤條；有一根無痕卻痛徹心肺的白色冷氣矽膠管；還有一根光聽聲音咻咻就足以冒冷汗的竹子。

為什麼要有棍子呢？請試想在這樣狀況下，老師需不需要棍子？

聽說學生欺老師新手，在他眼前演假床戲嚇他，這在現在看來是輕症，因為現在談的是「加裝多少攝影機防範學生做不該做的」，但那年代還真嚇得退老師，還離職了；曾有老師聽這故事，說不明白這哪算什麼陣仗，他們才不怕這個，他們怕的是孩子上課上到一半起乩，跳三太子、八家將，跳著跳著，就跳出教室去了。「堂而皇之公然蹺課耶！」他說這怎麼處理？

老老師教他：「你也給他跳出去，跳關公，看誰跳得大！」這是妙招，也是玩笑話。重點是還有那些沒起乩跳出去，卻在教室裡失魂昏睡的怎麼辦？他們人在教室，心在江湖，跟你說：「老師，阮來學校不是來讀書，是等下課啦！」

一九九〇年還是允許體罰的時代。

但因為是團體訂購，無法客制化量身訂做的結果，個頭小的我，棍子像兩尺高關刀，一拿在手，眉目雖能橫，氣勢起不來。只因為聽人傳說下馬威很重要，我也要學一個馬威來下才是好。

人家使棍是颯颯，我個子小，每每要使，還得站上講台，長度才足。我像小孩學人裝大，也許能震住小孩，但也累死自己，我不快樂。

二十多歲的我，看班級活動時，常覺這些只小我八、九歲的第一屆孩子是水。他們嘩啦啦在身旁流去升旗，流去降旗，流去放學，而我哪兒都不能去，我學人拿棍三七步站，聽水聲嘩啦啦，想我的日子就這樣三七步嘩啦啦，要站到何時？

我問自己。然後我說我不要。

但，我沒膽說我不要。我不敢離職，要賠公費，還會讓讓爸媽失望。

3

我也沒企圖要去念碩博士。我好像知道我是喜歡教書，我只是不喜歡拿棍子打人。

我還知道我也不喜歡校園裡奇怪文化，每次同學聚會，大家聊起哪個學校裡誰貪污，誰外遇，誰小團體分幫分派鬥不完、爭不完，那個年輕的我就想離開。我不懂做這些事，是會加薪還是會變有智慧？如果都沒有，為何有人願意花力氣在這？

但我啥也沒做。我照舊三七步，吼學生，騎紅色小綿羊歐兜麥（好沒說服力）四處追捕蹺課的孩子？還曾誤闖人家庭院，被幾隻凶狠土狗追？我還是國文老師嗎？我來教書的不是嗎？但有一天，我確定要繼續當老師，那天我把棍子打斷了。後來有人問我為何三十多年前就對班級經營有興趣？這棍子的故事好像是答案。

第一屆孩子都說還記得我打人：「足殘耶！」他們用台語說，是很凶狠的意思。我打哪幾類？吸毒、抽菸、蹺課、作弊和掀女生裙子。

為何掀女生裙要打？因為那時候很流行！女生們好生氣一直來告狀，我乾脆立法。後來好像還多一條男生阿魯巴照打。而其中抓菸毒這事，我特別嚴厲。

就算家長開玩笑說：「老蘇啊，阮兜吃菸正常啦！」我都不放水，就是打到你叫不敢。成績差沒關係，你成績不好，是我教不好，但你好好一個囡仔這點大，學人抽菸？你還要長大你知不知道？我常吼：「只要我當你一天老師，你免想抽菸。」

我兇得跟我以前很怕的老師一樣。但我才二十四歲未婚，怎麼已經跟那個我們私下喊巫婆的老師很像？

我怎麼抓抽菸？我每天一早，課沒上，地不掃，男生給我先一字排開「手伸出來」。我根本緝毒犬，尖著鼻嗅聞，每個人、每根指頭，我來回，絕不誤認誤縱。只要讓我一聞到煙味，「出列。」我說。然後當場藤條削下去，沒第二句話。

偏偏我人不高，施力不當時，常常扭到。還好有前輩指點膏藥買處，天哪！寫到這裡，突然想到二〇一一年有一天午餐時的記憶。

那時我邊吃午餐，邊看電視上北韓全體縞衣哭金正日，我一口飯差點噎住。這根本是一九七五年我國小三年級的畫面重現。我記得那天也是全校大集合，操場升半旗，奏哀樂，哭蔣公。跟著哭的我，和我可愛的同學們好認真的傷心偉人去世。這是怎樣？一九七五年就算了！二〇一一年還有國家這樣？

我想到這個，是因為剛寫緝毒犬那段，有沒有人讀著也噎到，說：「這是怎樣？」

這老師我正氣凜然，只想抓菸毒，沒想這些孩子是怎麼連上菸毒。很多時候，真的不是絕對多數就是絕對對。對！教育裡很多傳統沒錯。當我沒問我自己感受時，我只能跟著哭，跟著打。煞有其事，卻幹不了正事。

4

那天打的是一個我站講台，他還高我一個頭的大個兒。我氣到把棍子打斷了。這讓我愣了一下。大個兒卻走去撿了棍子給我，用台語說：「吼！汝卡細意（小心）耶啦！」我接過棍子，哭了。那是我在講台的第一場哭聲吧！初試啼聲？

我為何哭啊？

一時我也說不清，像憋了很久，哭聲裡全是：「我為什麼在這裡啊？」畢業前教授不是要我們來作育英才？為何我像個馴獸師，每天揮舞藤條？

我阿嬤叫我教囡仔讀冊，講廖添丁講王爺公給囡仔聽，千萬不要讓囡仔像她一樣青瞑牛不識字。但我沒時間說故事啊！我光打人就打到要骨折。

那天，我就這樣拿著學生撿回來給我的棍子，換一根，繼續哭著打完。然後我開始認真思考去哪可以不要打人，或若真要繼續待下來，要怎麼帶班。我像一個計畫逃離的囚犯那樣，最後決定開始環島考高中計畫。只因聽說高中可以不用打學生。兩年後，我真的去了高中教書。

我決定用班會調整班級共識，帶出去旅遊，幹部培訓養人，試試土法帶班，至於那個被我打的孩子呢？這就是一個奇妙轉折了。

這個孩子在我去高中後，請他兄弟……哈哈，真的是交代他兄弟共三位來找我。我記得那個場景，是第一堂課下課，我還在收拾課本，遠遠看著三個卡其校服都綳到你以為下一步他們要一手壓著大盤帽沿，一手指天，要跳起阿哥哥舞的男生，分別從教室後方走到講台前。「老師啊，汝叫潘如玲著嘸？某人講汝是伊老師啦！伊有交代……」他說這學校誰誰誰帶頭；誰誰誰很麻煩，少管就沒事。

最後說：「老師佇學校若是有代誌，交代一下，阮幫你喬！」

喬？咦？啊？

喔！好！站講台的我要怎麼辦？我說：「好，多謝……」這樣是對的回答嗎？但當下也不知要說啥。一種明明該感謝又很詭異的照顧？每次講這段，我總是大笑。

那三個教書生涯中也算特別的孩子，我完全忘記他們容顏。可能因為不久他們就沒讀了，離開文華了。（意思是我沒人保護了。學校是有多危險啊？）但這個讓我打到藤條斷掉的孩子，不但是促成我去高中的主因，還是我重新看待班級的關鍵，更是三十二年教書歲月裡，唯一「派人」來保護我的，這樣說不是說我渴望被保護，是因為畢業後，有人回來看你；有人用吃飯謝謝你；有人逢年過節給小禮物。但找兄弟保護你的，就這一個。他真不記恨我打他兇殘耶！

5

這一班讓我看見：不是純然不打不罵才是好教育。如果大人不在意情緒，不為面子，真心為孩子幸福快樂出言出手適當管教，囡仔是有能力辨識那裡面能量不一樣。

學生跟我說，有時候做錯了，爸媽為此生氣時，他們會感覺爸媽是一個活生生的人，不是機器人。

說「我想知道你們大人真正想法」的孩子來自愛的教育系統，他說當他失序，加上身旁大人好心提前一步幫他給出寬容解釋時，他說那很像是你也知自己犯錯，但在沒人指責狀況下，那個錯懸宕在那邊，很虛。於是他自己就自動扮演那個指責的角色。沒錯，就是自責很深，嚴重時，自己打自己。這孩子跟我說他喜歡我們班，他說：「因為老師你生氣起來，說道理給我們聽時，我感覺你在乎我們。」

我說應該是我一直碎念你們，不用上課所以開心吧？別假。他說也是有可能。

要到後來，才知道那個怒斥「只要當你一天老師，我就不准你抽菸」的我；和看著我成績零零落落，依然讚美我「阮如玲足鰲耶，老師一定打錯成績」的阿嬤是同一脈。怒目金剛與慈眉菩薩，都是師者血脈，都有愛。

我在《認出光速小孩》書裡有提到「師者血脈」。那是一個才見囡仔一個個不起眼秧苗，就篤篤說「會！你會成為參天樹」的血脈。是憑什麼這樣篤定？是愛吧！愛讓人願意信任，甘於等待種子破土沖天。

所以被修理的孩子相信如玲不是亂打他。所以被讚美的我相信阿嬤看到真正的我。我們願意為這個信任，繼續往前，長大，變得更巨大。

退休時，這個說我打他們很兇殘的第一屆孩子說要聚餐。班長來說：「老師來呷飯喔！」說得像我們一直住厝邊一樣。

他們有人的孩子比我的孩子大，都出來工作賺錢了；有的當年書讀得散茫茫的，早早出去養家工作的，卻帶出很會讀書的學霸小孩。我問其中一個怎麼做到的，他說：「我就和囡仔說，汝欲讀，我就乎汝讀，汝不欲讀，就工作賺錢飼自己。」

「就按呢？」我問。

「就按呢！」我第一屆的老孩子答。

大人說得明明白白，孩子就好各自承擔。

老師打或不打，只能明明白白探問自己，究竟為何而打了。

認出即生力量——敢承認的孩子

1

你相信《哈利波特》（*Harry Potter*）裡說的九又四分之三月台是真的嗎！那個出入兩個世界的門，不止在《哆啦A夢》（*Doraemon*）的任意門，不只在《駭客任務》（*The Matrix*）裡的電話亭，它，遍布所有的空間。

你相信八萬四千法門是真的嗎？通羅馬路萬萬條，而每一條隔山隔海大不同，但都有一個共同處是，它的現身是因著你渴望。你懷疑，它就閉起。它聽從渴望的召喚，它也接受懷疑的拒絕。至於它本身倒沒啥意見。它說：「隨便。」重點是，誰認得出，誰用得它。

我的經驗裡，認出有兩個路線：一個是頓悟型，無憑無據，光一眼就認出。也許過去世記憶相助，辨識系統燈突地全亮，密碼之輪轉動，喀喀聲音急轉清晰，啪一下打開！另一個是漸悟型。無論是模模糊糊，瞎子摸象似的邊驚呼，邊慢慢找原形；或是清清楚楚，依著既知藍圖，一塊塊一片片拼圖找回，很慢，但每個確認都扎實。

這兩條路線也不是平行，更多時候它是蜿蜒交錯。你以為頓悟了就太平盛世？結果是漸悟之路才要開始！你以為漸悟之路漫暗無天日，一個電光火石，突然都亮了。

不管頓悟還是漸悟，這些都叫認出。

它是如人飲水，冷暖說不得給別人，是就是，不是就不是，自己說了算。而這些對於二〇〇〇年後的孩子來說很簡單的功課，在我的成長過程中這是一個難題。

民國五十六年次的我，是唱蔣公我愛你，以及反攻大陸，殺朱拔毛長大的。

從小被教導要懂臉色，說看人臉色不等於討好，說那只是種能耐，一種眼能觀四方，耳能聽八方的能耐。至於不露個人好惡，則是安全保護機制，讓自己在任何環境，都運轉自然，抽身或前進，都迴轉有路。

我知道，但是很難不露好惡。是練習，才慢慢敢承認好惡。

2

十五歲時讀廚川白村說「文學是苦悶的象徵」時，我停了半晌，老覺這句子怪，但說不出他哪裡怪。大師的句子怎麼可能怪？但心裡覺得怪的我，少年時還是決定服膺大師，「向大師看齊」比較安全，寫文章就該窩在角角邊緣，一盞孤燈照桌角，要孤獨創作，要創作孤獨，因為苦悶都在文學裡得救贖。

後來不寫了。

戀愛結婚生小孩子，小寶寶咿咿呀呀瞎鬧時，我比孩子還快樂。看孩子一天天在創造自己，我因為扮演母親的角色，得以在一個比他們稍微老一點的年歲裡看他們，看見原來有一種創作是生命裡來的自然，不是文字裡的安排的架構，那個自然是活潑潑的可愛，創作怎麼可能都是苦悶象徵？

那十年，我喜歡在文字介紹上把我兩個小孩放入「我的出版品」那欄。有趣的是，這兩個出版品雖說產自我，但完全不受我引導，更難干擾。

她們長出自己的樣，像藍紫葡萄藤蔓彎啊彎啊往上往下往天去，偶而回頭，一顆頭擋著背後陽光，太陽花似的對我笑著叫著：「媽媽你看你看……」我一看，孩子全是太陽。

這和莊子說的「生而不有，為而不恃」好像，但莊子把生命說得和生養小孩一樣，寫文字和生養小孩也很像，這文字跟孩子一樣，也不全然是你生的，是天地孕育。孩子只要不獨有，自然就無礙，文字只要不居功，自然就不苦悶。

每一份創作都長出自己要的模樣。一如孩子只是經手，文字只是經筆。讓生活裡的喜怒哀樂經筆傳出，一如孩子藉肚皮產出，辛苦，但不是苦悶。

這是我飼孩子的體驗，但要到四十幾歲，我才能說：「廚川白村，您說得真好，但我跟您看到不一樣。」你的體驗不是我的創作經驗。

文字對我一直是即興塗鴉，沒目的。能露出對廚川白村表不認同，要經過三十年，才能如實說自己感受。

當我跟學生分享這個經驗，我很難忘記他們大笑的樣子。

「是有多困難？」他們問我。

我說大約跟你無法去告白一樣難。

「喔，喔，了解了！」孩子說。

3

我得謝謝很多如實跟我說話的孩子。

記得一個孩子遞上來一本剛剛課堂上的隨筆，它被寫在隨堂測驗紙上，皺巴巴的，說是聽到我在課堂上說自己無法勇敢做自己這件事。在明明覺得跟別人想法不一樣時，不夠勇敢表達。我說著我懊惱時，他寫下他的隨筆。

他寫著：「突然覺得公民教的、國文學的、所有老師教的我根本都沒實行過。這樣子就算成績再好，也只能看見別人受苦，卻老假裝沒有看見，甚至假裝他沒發生過，這到底算什麼讀書？我覺得自己不夠勇敢。」

他說的是國中時發生的一件陳年往事，他說他知道同學被父親舉起來用力扔向牆。他寫著他依然能記得同學身上的傷。他說他那時候只有十四歲，他說同學拜託他不要跟同學或老師說，因為很丟臉。他說他後悔自己當時答應不說出去，他說一直到現在高三了，還是反覆想著，如果當時跟老師報告，會不會已經救了同學，他好嗎？逃離暴力了嗎？

這個孩子寫的「所有老師教的，我根本都沒有實行過」這句，真像一個巨大大鐵鎚，鎚入我心。我也是這樣的人嗎？

像只是在課堂上跟比自己小的孩子說要做自己，但其實跟大家不一樣時，我也是寧可沒入人群，也不要突兀地站在那裡說：「我跟你想的不一樣。」

四十歲後的我想著，如果我都沒有過說出「你很好，但我不想和你一樣」的經驗，我怎麼理解孩子不敢做自己的恐懼？面對那些連選自己喜歡的志願都怕東怕西怕被懲罰的孩子，我要怎麼告訴他們，沒有任何人真的可以左右你的意志？

已經是兩個女兒的媽媽的我想著，如果我連在會議裡聽到明明前後矛盾，甚至毫無章法的言論，都不敢舉手問他是不是喝醉了？到底有沒有看過今天開會的內容？或是真的知道在推行什麼？我怎麼教孩子在開會時，要表達看法，說是難得有「會」，幹嘛不「議」？已經「議」了，為何不把握會「決」，要「決」才又機會去「行」啊！

我在說什麼？我說的是我自己真正相信的嗎？

4

四十歲後的我真的開始練習。

練習不認同的就嘗試說我不認同，即使是讚美，不是就不收。

有一次分享完班級經營，主持人跟大家讚美我的「能言善道」。不知道為何，「能言善道」四個字來時，我的脊椎居然自動往旁側一下。就這一下，那個讚美彷若從側身的肋骨裡穿飛而去。然後我居然在鼓掌完之後，微笑堅持要再說一下，我說謝謝讚美，但我忍不住想說，那個能言善道不是我，因為剛剛分享的、說的不是演講，那是真實做過，實實領略的，不好意思，我說，我真的不是能言善道。

「這個稱讚，我不能收下，因為那不是我的。」我說教我呼吸的《易經》老師有交代，「倘若不是自己的物件，半字也不能收。」這真的是很尷尬的畫面吧！但是真實地說很好呢，因為說完會有一種對得起剛剛所有故事的感覺，而不是把光環都集中在我的唇舌，這感覺很妙。還有一次更誇張。那是一場研習，我是台下的學員。不知何故，我怎麼聽都覺得推廣這活動的講師，自己根本不喜歡這活動。

「為什麼要說著自己都不喜歡的呢？」我想著。「而且還要用掉一整天，是為何要這樣做呢？」後來，我也沒辦法繼續想，因為我已經忍不住舉手了。

「請問……」我很輕很輕的問。因為乖乖長大的好學生兼長女長媳如我者，其實對於長幼尊卑還有非常大的框框條條，我總是能多輕就多輕，我說：「請問，老師您真相信你現在正在說的這些，會幫到我們嗎？」

現場靜了。和剛聽課的靜不一樣，是一種突然大家都醒過來的安靜。我看沒回應，又繼續問：「你有想過，這樣的活動，如果繼續推廣到，連你的孩子，你孩子的孩子都會遇到……這是你希望看見的嗎？」鴉雀集體無聲。

講師說：「這問題等等下課討論，因為進度很趕，可能要繼續……」講師都這樣說了，習慣性害羞的我當然說：「好的！好的！」我也希望這尷尬停止吧！實在太尷尬，為何要白目啊？但就在我想收場時，開始看見一個個老師們舉手發問了，比起我的無厘頭，他們的發問比較像是從務實的行政端切入。

「你問得太浪漫了。」下課時一個老師跟我說。

另一位比較直接，他說我那樣問，叫做無效發問。

5

我還記得最後的畫面。當講師說課後再討論時，先是投影銀幕壞了？再來麥克風壞了？就在主辦單位七手八腳搶修時，播音系統居然開始自動播放。但傳出來的是念佛聲，我忘了是《大悲咒》、還是阿彌陀佛？只記得大家忍不住笑。念佛聲像是非要大家停下來，好好說清楚講明白一樣。這個事件對我練習說出我所看見，我認出的，是很關鍵的。

還有村上春樹的故事也很鼓勵我做這個練習。在他一本自述性的散文《關於跑步，我說的其實是……》中提到有人佩服他二十多年的跑步生活，誇他「意志堅強」。我很喜歡他說他其實從來沒有想勸大家一起來慢跑，他說了一段很有趣的真心話：「任何事情都應該不只是意志堅強就能辦到的，世間並沒有這麼單純。」

「老實說，我甚至覺得每天持續跑步和意志強弱，好像沒有什麼相關，我能這樣持續跑步二十多年，畢竟是因為個性適合跑步，至少是因為不太痛苦。」

「人這種東西，生來似乎就是喜歡的事情自然可以持續下去……」

「不管意志多堅強的人，多好勝的人，不喜歡的事情終究沒有辦法長久持續。還有，就算做到了，對身體應該反而有害。」

我記得我在四十多歲時讀到這段話，真的是開心到滾來滾去。我也曾很嚮往成為一年可以讀幾千本書，還數年如一日，意志堅定讀萬卷書那種成功人士。但真相是：一天下來，對一個中年職業婦女，以及必須偶而煮飯，以保持雖無力但想擁有賢妻良母形象的我；還有就算努力打掃家裡，卻永遠都打掃不出飯店水準的我而言，這其實是媲美超馬和登百岳的大難題。但四十歲後開始讀書的我，還是想著我是讀書人啊，怎可以一年讀不到幾本書啊！

村上說的「對身體應該反而有害」，這一句像是幫我破解咒語的魔法。

我認了，我認了！我認了我根本就喜歡在三分鐘空檔，隨手抓眼前可抓的東西來閱讀的人。我認了我是可以沒頭沒尾讀進去的那種人，那讓我感覺新鮮，很好玩。那就這樣吧！我就是這樣讀書的，怎樣！這樣的我，就這樣一路從只看漫畫，只讀《大悲咒》、《心經》和《金剛經》，一直到二〇〇七年讀《越讀者》，接受要均衡的讀書建議，開始大量讀身心靈、讀馬雅、讀月亮曆法、讀太陽曆法……

接納自己的我，也接納學生各種讀書方式。都可以的，都可以的，承認就好。

「別對身體有害就好！」我和村上春樹都這樣說。

PART 3

教育，自然法則而已

“「期初」是那個「起」與「成」。

「期末」是那個「合」與「空」。

期中是「承轉」「住壞」時刻。

每一個「起」都在為「合」做準備，啟動要輕。

每一個「成」都在為「空」做祝福，成事要專。

每一個「承轉與住壞」是練習，實作自己起念。

教室裡的「起承轉合」「成住壞空」

也不過是春夏秋冬自然法則而已。”

一個教室一個宇宙

1

每一個教室其實就是一個宇宙。天地上下，人居中。整個教室和師生一起呼吸，吞吐如絲，交織成一張學習能量的網絡。我們得帶著孩子看見他不只是在教室裡吃喝拉撒、考試睡覺。我們得讓他有機會知道，我們正在創造一個宇宙。

不信？你看看每個教室，各各別一，個個精彩。每走進一個教室，都可以玩玩這個遊戲：不要太快走進去。在進去前一秒，靜一下，呼吸一下，再走進去。不要先看到孩子，而是先觀察孩子以外。

掃一下牆上寫的工整嚴肅或散漫詼諧的班規。瞄一下教室布置齊齊滿滿或掉落一半的海報。是只有被評分的地方收拾乾淨？還是連不被評分的地方都整理妥貼？然後，你會一剎那知道這教室的能量：是繃緊嗎？還是鬆散？孩子魂在還是不在？

看出繃緊與鬆散後還能看見：是自我要求的繃緊？或被勒住脖子的繃緊？還能看

見：是春風拂面的鬆散？或是散沙一盤的鬆散？

但，繃緊和鬆散都沒關係，這只是一個過去創造出來的結果。過去不等於未來，未來是因為我們在這裡。能讓未來發生的是可愛的我們，所以別急著上課，別急著把準備好的上等飼料灌入他們大腦啊！那真的太浪費。先認出能量吧。

認出能量不是說就別上課，然後一直繞著心理層面談或繞著能量解決。認出能量是為了讓我確認「現在要不要處理」。

有時孩子只是午休還沒睡醒，直接上課用精彩的知識體一拉，魂就回來。但若班級正在一個情緒議題裡，那可能要放下進度，邀請孩子一起來看看，「我們怎麼了？」或不看我們怎麼了，繼續前行，也許聽一首歌，也許玩一個遊戲——破冰。以前在團康遊戲裡說的破冰，就是這個意思。整個教室都是人，哪來冰？有啊，整個教室常常是人面山身，冰就結在人面下啊！

認出班級能量狀態的老師，就有機會開始帶孩子創造班級，這個創造當然包括老師我。這是為何當我和學生在設計班級幹部藍圖時，裡面也會有「導師」這一欄。

宇宙裡，創造是每個人的責任。

2

我想推薦一個可以帶孩子感受「一個教室就是一個宇宙」的方法。

如果運氣好，這個練習還會讓班級裡敏覺度高的孩子，冒出班級新提案，那時候就是更大的創造開始了。

試試找一個機會，帶學生從各自作業、測驗卷、講話中抬起頭來，包括我們自己，拜託，都放下進度。閉上眼吧，發呆一下吧！放音樂也好，不放音樂也好，舒服最好。

我曾在孩子未到校的清晨，先在每個大桌上放一朵小花（五、六張桌子併起來）；也曾在學測成績剛放榜時，請大家暫時離開自己成績的悲喜，閉上眼一下。

感覺早晨的風是如何涼涼的從操場穿過窗台來到跟前……

聽聽校園裡各種不同班級聲音，哪個方向的聲音多一些……

聞聞空氣，還有家裡的氣息嗎？或是你已經可以聞到教室裡早餐的味道？

帶著孩子的想像力，飛去每個班級裡面，一個一個風格迥異的老師正在帶著每個都是獨一無二的學生，他們在做什麼呢？

同樣在這個時刻，像你一樣的學生、像我一樣的老師，正在共同經歷什麼？又各自如何去應對？跟你一樣開心的你感覺到了嗎？跟你一樣流淚的你感覺到了嗎？跟你一樣沒有感覺的，你感覺到了嗎……

各在，而同在。

這個練習很有趣，曾有孩子說他有個孤獨的感覺不見了；有人說他怎麼看到好遠，還看到歐洲、非洲、美洲。沒關係，能看多遠看多遠。

那也就是剛剛那一剎時，也沒要定義什麼，就是看到而已。只是我們來把剛剛看見整個校園各個班級的畫面畫畫寫寫當作週記吧！一週花一個早修一起寫週記，孩子會很高興的（在學校寫作業誰不高興啊）。而順便練習感覺「一個教室就是一個宇宙」，那可超值了。

孩子能看見一個一個無從比較的宇宙，遍滿整個校園。

這是把整個星空移到地面的魔法。

跟孩子說這些微小而巨大的力量

跟孩子說這些微小而巨大的力量，它們都發出輕聲地微笑，銀鈴般滑過，曲線往上。改變世界的，常小到不足掛齒，明明白白的充滿喜悅與平靜。

一朵小花認真綻放……

一株小草在陽光裡晶亮搖擺……

一次勇敢為別人發言爭取……

一次誠實為自己錯誤懺悔……

一個自動自發在放學後，幫忙整理教室前花台……

一個純粹只因自己喜歡，而想在午休的時候為同學念睡前故事……

這些都是！即便這些都不會立刻幫助學生考上頂大，也還沒學會如何做成被老師認證的學習歷程檔案，但都在提供這看似無路的世界：一點光，一點愛，一條看不見但真實存在的道路。

師者就是天地通道

我遇過一個學生，讓我聽聞「師者是天地通道」這件事。

那年母親節，我依照慣例在快樂的班會課裡，請學生寫一段文字給母親。我以為我很細心，因為我有關注到他，自以為和孩子交情不錯的我，有點故做輕鬆地跟孩子說，不然，你把我當媽媽，寫給我好嗎？

孩子只是笑，下週上課時，遞給了我一份手稿。

小二時我學會了「歿」字。

當然那個字不可能從教科書裡學到，小學課本裡「歹」字當部首的字少得可憐。

我記得那是學期初的例行公事：填寫基本資料卡。在老師認真考慮怕我們不會寫，或弄丟的狀況後，他決定讓我們帶回家一天，但不准遲交，遲交可是要罰寫的。

在正常情況或家中無巨變的情形下，其實只要照上學期抄一遍即可。但我家三姊弟卻遇到了瓶頸：母親那一欄要怎麼填？老師說不能空也不能畫×，偏偏爸爸請來幫我們煮飯的阿姨又回家了，等到爸爸回家早已經十點多了，如果還沒上床睡覺，可就等著挨罵吧。我們決定留張字條給他。

隔天早上，我看見母親一欄多了兩個字：母歿。

我準時交給老師，並沒有受罰。

此後每年母親節，我都不必假他人之手，已經可以自己填寫了。但有一日，我好奇的翻開字典，才發現我一直把這個歿字寫錯了，因為爸爸寫字很草，我一直以為歿字是上方一個「几」下方一個「×」老師一直沒有發現我的錯處，甚至連我把「要」與「耍」寫錯都能抓到我的老師也沒發現。

我其實不曾對「母歿」這兩個字感到難堪。令我不快的是：每次母親節要做花、做勞作卡片，甚至是寫作文時，都會有人跟我說：「你就做給你爸爸呀！」而我真是不懂，我知道「父兼母職」，但我不懂：媽媽死了，就非要讓爸爸又是爸爸又像媽媽？八月八日已經為了他過！現在康乃馨也要送他嗎？

我不是沒媽呀！

我也受過母愛，只不過比大家早些時間送走媽媽而已。

我可不可以在母親節只懷念懷我十個月的媽媽，而不一定要把它當父親節來過。高二了，我再查一遍字典：我看著「歿」在字典上的句子：「音『墨』，死亡。」

這是一個非常斯文又很貼心的學生，我拿著這張紙，眼淚一直流。我知道我說了輕忽的語言，我以為我可以扮演，但孩子清晰而溫柔地用這樣的方式來跟我說，老師，不用扮演，我很好。

知道母親的卡片不是我能收的。我還知道天上的媽媽會想看到這封信。於是那一次我改成帶全班到學校門口郵筒，讓同學一封一封寄去給家裡的媽媽，而天上的媽媽該怎麼寄呢？

我想到當我想念我阿嬤時，我會將寫好的字條放在金爐裡一起燒掉，我想也許我們也可以燒給天上的媽媽。於是請同學們圍成一個圈，一位女同學幫忙念卡片。沒想到女孩在念完卡片後，自己加了一段：「某某媽媽，請您不要擔心……他會好好照顧自己……他很愛您。」

這一刻，靜默的我們都流淚了，我負責點火把信燒給天上媽媽時，本來大熱天，無風的校門口突然颯颯起風，那些灰燼還像龍捲風一樣旋轉了一下，我內心好感謝這位素未謀面的媽媽，因為班上其實有幾位個性剛強的男孩，但這封信似乎正在柔軟整個班級的心。我在心裡鄭重的謝謝她。

然後收拾時，同學驚喜地發現有一小片紙沒燒到，裡面剛好是孩子的名字。彷彿媽媽收走他的感謝，把力量都留給孩子了。

有一次在演講時，我提到這個故事，有一位天眼通的朋友看了照片，跟我說：「你這場法會做得不錯，有收到喔！」

我張口結舌的樣子一定很好笑。因為我覺得我是在講班級經營，講班會活動如何做成一處夢想國土，不是來說法會的，現在是演到哪裡？

「恁做老師欸郎哪是清淨，本來就是天地通道。」他說：「可以替老天教化，幫地母顧孩子，這是足自然欸代誌。」他說師者清淨，就是天地通道，是自然。

除了敞開再敞開

除了敞開再敞開，沒有別的該做的了。
因為不會知道滋養的力量從哪個方向來，於是先敞開來等吧！
練習敞開的第一步是：恢復對世界的信心，偏偏這點，大人們是很沒信心的。
沒辦法時，我們都去跟小小孩學吧！

師者有道，無分正式或代課

1

四十幾歲的朋友說很尷尬，說考代課老師時，明明主考員只是隨口確認年紀，自己聽來卻像被嘲笑她四十多歲還在考代課；和年輕代課老師聊，她說起國中孩子嗆她：「管什麼管啦！你代課的啦！」

她說這對每年期末，從六月各校不定時公布職缺開始，就重複煎熬時刻的她來說，「很傷」。

這是政策下，流浪教師的悲傷，且放下政策，因為我看我這輩子也沒當立法委員的命，但我知道什麼是師者，這我可以說，於是我跟這位年輕的代課老師說：「代課老師就是老師。」孩子不懂時，請鄭重跟孩子說；當然也端正對自己說。

都走上師者這條路了，要明白，真論師者，無分正式與代課。代課是行政上的稱號，而行政上的、政策上的都是稱號，隨時能改。

老師是人生路上的學習夥伴，哪個老師不都只陪短短幾年？只要真實真心在學習路上陪伴過我們的人，管他教幾年？甚至連年紀都不論的吧！「聞道有先後，術業有專攻」，「道」在哪，「師」就在哪。

代課老師若有道，就是師者。

2

寫「菩提本無樹，明鏡亦非台」的不識字六祖惠能，你猜猜五祖教他多久？答案是八個月。從入門拜師，到袈裟圍起為說《金剛經》，也就才八個月。但你以為那八個月都發講義，幫他上課還複習考小考嗎？

沒啦，惠能都在擔水擔柴舂米做粗工，字沒識一個。〈菩提偈〉還是託人幫寫的。真真正正五祖教他，也不過就是那夜傳法，袈裟圍起那一剎時罷了。一剎時比代課半年還短，但，那就是師啦！

但我們誰敢說，五祖只是當晚代課說說《金剛經》？誰！誰！誰來說五祖代課！

正式與代課是人的外在皮相在分別的，內在靈魂只問：「傳了啥法（道）？」法（道）在哪裡？師者在哪裡！就這樣簡單。

說真尷尬的朋友比「當一天和尚，撞一天鐘」的還像老師，幹嘛尷尬？

因為必須年年考試，所以很難懈怠，每次考試都必須把所學在心頭翻轉一回，千年講義與一時輕忽很難在她教學時看見。她沒正式老師福利多，但正式老師的活兒，她也沒少幹。甚至因為客氣，很難推拖額外任務，一個學校下來，兼行政、帶社團、衝比賽，練就何止十八般武藝，怕是吞火都會了。一年一考，幾年幾個學校輪轉下來，天哪，是教育界奇人吧！

3

至於若真有人質疑，怎麼四十多歲還在考？請試著讓他看見：「看見渴望成為師者的你；看見為此做了多少年除了專業、還有生命轉折的你，有一種能耐。你有一種能耐，能把這份為夢想努力的經驗，傳給將來遇到的那些追求夢想，卻常急性子腦熱，等不及夢想實現，而惱怒而心生放棄的孩子。

你會說得很清楚：你說有的夢想會立馬顯化，但有的夢想卻如地平線，具體存在又隱隱約約，無法立馬給你；你會說得很詩意：你說這時候的夢想是玩伴，它像逗著你煎熬，但實是要協助你『確認夢想』。」

「你真的要這份渴望嗎？為自己要還是為誰取？」

「完成這份渴望，會喜悅嗎？是你喜悅還是誰喜悅？」

真確認清楚了，為自己、為誰都不重要，重要的是知道為啥了！

還有無論為啥，你都喜悅，這很重要。天地很在乎你喜不喜悅！這是「當你真心渴望一件事，整個宇宙聯合起來幫助你」這個說法的祕密關鍵。這時候就不說是「尋夢」了，這時開始「造夢」了。

跟那考你的人說你真心想要這份喜悅吧。跟那些小朋友說為自己真要的夢想加油！跟自己說提醒，就定位自己在師者位置。師者是啥？師者是那即便看孩子如秧苗小小一株，仍無礙自己起念，想隨分隨力陪他們長成參天大樹的，就是師者。試試這想法，會讓一份靜定的力量來到心中喔！

陪伴就成夥伴，代課老師也是教育路上相隨的夥伴。不論剛畢業或快五十歲；正式或代課，成為師者路上，都請放下歹勢。請陪自己造夢；請看著孩子眼睛說夢，傳各自該傳的道，解各自該解的惑。

是師者，就師者。有道，無分正式代課。

你若憶起曾放自己墜落的你

你若憶起曾放自己墜落的你，自當能信任孩子也有那翅膀。

眾生不是別人，我們都是眾生，所謂利益眾生，請先照顧自己。

釋放最大善意，允許各自自由，靜待宇宙安排。

敞開對外接收，專注內在感受。

以身作則，替人著想，慈悲心腸

看到朋友記錄他父親在他當老師時的提醒，非常有智慧。

一多讀書。二考慮學生上課辛苦，多學習說笑話。三不侵犯學生權利。

看起來很老套，但我讀著讀著，卻很讚嘆，這三件都是當老師的關鍵。

一是談「以身作則」。二是談「替人著想」。三也是最動人的，直指「慈悲心」。

然後我突然想起，爸爸也在我一九九〇年要當實習老師時，也提醒我三件事。

父親一直在行政位置，他當過教務主任、學務主任、校長祕書等，反正輪來輪去當。我總看他承辦教育局和學校各種千奇百怪的活動。我記得雙十國慶遊行拿色板排各種隊形，大熱天，戴黃色醜帽，跟男生班坐在看台一起醜，還要熱烈高舉彩球大聲喊口號，天哪！這真是少女時期尷尬時刻！

好，爸爸在我出來教書時，交代我什麼呢？

第一件：如玲，你以後當了老師，除了午休，不要趴在辦公室睡覺，讓學生來了，隨時都看到老師能幫助他。（呃，爸爸到底看到我骨子裡有多愛睡？）

第二件：如玲，學生在哪，導師就要在哪。學生是家長交到學校給我們的，在學校期間，老師就是他們的父母，要顧好。（爸爸總說他是庄腳放牛的孩子，飼牛到九歲才讀一年級，如果不是五、六年級遇到教他注音符號的老師，不是一路栽培的師長，他怎麼可能考上省潮中，考上師專，唸到師大。）

第三件：如玲，學生聽不懂，你就多說幾次。學生都是想懂的，你多說幾次，他就多幾次機會。（後來我剛出來教第一年，跟爸爸說，「講一百次學生還是一樣啦，氣死了！」爸爸說，「講一次就要人家聽話，又不是共匪。你是做老師的。」我爸很會比喻吧！那年代為了不要當匪，我一下就被說服了。）

其實爸爸叮囑我的這三件事，和教育界很多前輩的叮囑都一樣，他們都是用體驗過的，在提點我們：第一件「以身作則」；第二件「為人著想」；第三件「慈悲心腸」。

我不知道自己做得如何，但教到三十二年時，我好像沒有什麼倦怠感，想想第一點和第二點還不錯，應該可以及格；第三點境界太高，還在努力。

其實這都是老派的師生之道，但我真的就是這樣被叮囑的，就這樣長啊長啊！長到現在也成為老派，然後來把這些叮囑寫下來，除了不要趴桌上睡覺之外，哈哈。

突然很感謝那些曾看我睡到流口水的學生們，謝謝你們都沒有驚嚇到，都很淡定的叫我起來去上課，也沒有偷打報告給老師的爸爸，嗯，很好，對老師這麼好，前途看好。

別掛心啊，那是孩子的光陰

別掛心啊，那是孩子的光陰。

尊重他的浪費與選擇，他也就有機會學到尊重我們老年時的浪費與選擇。

當我們接納此刻頹廢無力的他，真心愛他。當我們老到只能曬太陽時，他會知道，還願意留住一口呼吸陪在他身邊的我們，那個老到即使連他名字都叫不出的我們很可愛。

孩子還覺得我們可愛，就像此刻我們對著頹廢無力的他仍感覺值得被愛一樣，只要當事人不覺得浪費，就不算浪費。生命很長，讓他去體驗；生命很短，讓他去享受。

我們自己也要這樣，這就是尊重一個生命被實踐的過程，很美。

鼓勵和批評都沒那麼重要

鼓勵和批評一正一負，前者驢子前頭胡蘿蔔掛滿，後者屁股後頭鞭子烈烈，但無論賞賜或激將，久了就失效，多了就無感，跟嗎啡一樣，能止，不能治。

剛開始到學校做班級經營分享，我像那童話故事裡翻山越嶺、終於尋解藥的老樵夫，熱騰騰捧王母娘娘金丹數丸，大老遠趕去各校分享三組班級經營模組，吆喝這樣試試，回天有大力。

裡面有感人熱淚的搶救雷恩故事，有慷慨激昂的教學成效，但我總說不出哪裡怪。也知大家聽完笑話、流完眼淚、補足能量，總有幾個老師真抓了方法去實施；之後偶而收到遠方捎來訊息，說開始狂野寫作探索自己內在，還帶孩子編輯班刊、校刊，還得獎，並開始去分享；或實作了「班會夢想國」計畫。我對著整封信尖叫：天哪！整個班是活人！「幹部千里馬」讓帶班跟治國一樣不可思議，說是本來對教育沒希望的自己，開始看見自己力量還能做點什麼。

直到有一次，在我一樣說著這些金丹妙方時，我從我熱血奔騰的資料裡分神，瞄到台下老師了。我看到老師們微笑的嘴角和眼底掛著一圈黑色疲累；那說是同校同科的老師，坐一起卻分圈分黨；再深入看，每個人身後怎麼拿麼重？如蝜蝂一樣背著：家庭的、感情的、愛情的、未來的，怎麼老師和教室裡的學生無二無別啊？

只是老師年歲大些，只是老師識大局些，但雖端坐不昏睡，但手上壓著改不完的考卷、作業與公文，主辦長官也熱烈介紹你，說是要好好把握終於敲到的分享。然後，手機開始滑到終場掌聲響起，但還是能用起始的熱烈來收尾，條列剛剛三重點，說恰是最近生活裡需要，說是感恩萬分。（我想在此，表達我的敬意給入座就真的融入的主辦者，甚至那些聽到莫名落淚的長官，不論你有沒有特意來跟我說，我希望如果你看到了，請相信我曾看到你的震動。希望您知道我的敬意與祝福，因為當你落淚那一刻，我由心在彼端，真的像整個靈魂起震動般的力量，祝福您單純的靈魂：喜樂豐盛。是的！希望您收到。）

大家好像都在一個巨大的不得不裡呼吸生活。

不得不做這個那個，但又因為手上還有這個那個沒完成，於是先勉強一起繼續這個那個，等等再去下一個要去的地方。結果要去的地方太多，要學的新把戲太多，於是，人看似杵這裡，但魂已奔赴那裡，每個現在都無法專注，每一個等等要去的所在，都熱烈、都遙遙無盡，像不像學生上國文唸英文，上英文寫數學，上數學擔心物理，然後再上音樂課時偷偷背國文，好忙好累的我們啊！

我停下來想：我在做什麼？

我為什麼要鼓勵老師？人真的需要被鼓勵嗎？

如果每個人在自己真的想要的路上，還需要鼓勵嗎？談戀愛的人，想方設法也要滾去愛人身邊，墓仔埔也敢；想創業的人，為了達陣，千山萬水也擋不得他要成功；知道自己使命的人，無論如何也要完成此生渴望。改變從來不是方法的問題，改變是要與不要的問題。不夠想要，鼓勵與批評再多，還是看見一堆待解決。真心想要時，沒鼓勵，照樣要去！批評再多，無礙。

我聽過一位老師說起因為鼓勵孩子，差點嚇壞自己的故事。

這位老師因為想鼓勵一個沒信心的孩子，他照教養書裡說：找「目前」看來還可以的能力鼓勵。於是就從文筆鼓勵下手，沒想到有點超過了，這個孩子如獲知音，以為天選，開始大量創作各式作品，從童話到新詩到長篇小說到推理偵探……日日一篇，老師忙不迭幫忙修改，也有一次真的在校刊登出，這個鼓勵更大大激勵孩子，開始挑戰全國性的徵文。

結果，高手雲集的賽事，這位同學當然無緣取得。於是他抱著一箱箱手稿，來到老師家門口：「你不是說我有天分。」孩子點火燒自己作品，對不陪他去找評審理論的老師大哭起來。這真是比悲傷更悲傷的師生故事。

以前網路影音還不盛行，我記得只需短短故事，甚至幾分鐘侯孝賢式的黑白無言影片，穿插課堂進度之後，孩子看一下聽一下，整個空間就柔軟起來。大約二〇一一年左右，我開始發現那個柔軟不見了，激勵影片越拍故事情節越超現實，偽裝成激勵的影片比真的故事還惹人落淚，置入廣告裡久了，孩子開始對這些曾讓人心柔軟的訊息，起反感。「又來了。」學生總哈哈大笑說。

我記得一部關於兒童被虐的影片，我們用來提醒學生注重性自主權。以往放這部影片時，不管男同學或女同學都覺不忍，感覺太過分、太可怕。但有一次，我聽到男孩們在黑暗中大笑出聲，然後，一個聲音悠悠說：「吼！這麼小就這呢爽啦！」然後更大的笑聲爆開來了。我啪地一下把燈打亮，全亮。我關掉影片，站到螢幕前。很少疾言厲色的我說：「不看電影了，來談談，什麼是爽。」

我確知鼓勵太多，和批評太多都是一樣，只會帶來麻痺，無助心覺開展，心能有感不是靠鼓勵，而是靠體驗，自身體驗。有一種狀況不會帶來麻痺，而能傳遞真實的力量。那就是專注如實說體驗。

放下要去引導誰、帶動誰、改變誰、改什麼朝、換什麼代之類的；純粹如實如是說著自己真的相信的，像風一樣流動，說的時候連自己都起歡喜就歡喜，說的時候連自己都惻惻難忍，那就難忍。萬一，就真的引導了誰、帶動了誰、改變了誰、改了什麼朝、換了什麼代之類的，那只是剛好，像路過，剛好，順勢，沒有功沒有勞，因為大家都只是在自己的位置上繼續往繼續往前，所以這一剎相遇，無論是語言、是能量、是對話，都只是這一剎時。等錯身而過，也就過了，都各回自己路，各自繼續繼續。

鼓勵？沒有！批評？免了！

放下犧牲奉獻的套路，分享自己真的歡喜的；做自己真的渴望它被實現的；享受那些自己或是和團體共創的成果，別讓一開始美美的「願力」，轉成人見人怕，鬼見鬼驚的「怨念」，來玩「我願意」，別再玩「我為你」。「我願意」自自然就順便為你、為他、為很多異想不到的人與事，還滋養自己。

這是後來只要有機會分享，無論是班級經營，狂野寫作或是馬雅曆法，我說的就是這個，沒別的了。

事情發生好壞沒那麼重要

事情發生好壞很重要，但沒那麼重要。重要的是面對它的態度。

態度會決定高度、速度以及喜樂平靜。

高度讓我看見故事完整的來龍去脈，速度讓我放下再背負也沒用的能量。

喜樂平靜是一個檢測：闖關成功了嗎？

態度是什麼？態度就是信念。

沒帶來喜樂平靜的信念，若可以，請離開吧！

砍頭去尾的閱讀是測驗，不是閱讀

已經有一拖拉庫孩子跟我說：「如玲，我以前很愛閱讀。」「如玲，我一直覺得國文很迷人。」「如玲，我喜歡文字帶來的清晰。」我說然後呢，因為你說的是以前，現在呢？孩子說開始唸學校的書之後就不愛閱讀，開始覺得國文無聊，文字沒有感覺了。

我想著推動那麼多閱讀運動，鼓勵、積點、展示，以及各種策略之後，怎麼跟給混沌鑿七竅一樣啊？鑿著鑿著眼耳鼻舌全開光光，心死了？這是怎樣，賠了夫人又折兵？我們很認真、很累，且很破壞閱讀胃口，最好有CP值這麼低的努力？

還有一拖拉庫孩子跟我說：「如玲，我是一個在找自己的人。」

這樣啊，我說我跟你一樣耶！找到現在，還感覺像進十八銅人迴旋迷宮門，以為這個是了，正在喜孜孜，結果摸到下一處，才發現剛那個「是」還不是「是」；但也沒能傷心太久，因為那個「是」常常也不完全「不是」，它常是來幫助下一個「是」的到來。但你又不能太期待，只能在它協助到時，說感恩；沒協助到時，當作本該如此，才能舒緩心口一氣。

「老師，我知道你在說什麼耶！」孩子說。

「好感謝你！我自己都不知道在說啥，你居然懂，你好厲害！」我說。

「如玲，我懂你講的，我上次就是經歷過這段，才會跟你說我不想死了。」

我聽著孩子說起他的體驗，笑與淚好自然來到，這時候是無關師生，無關輔導，無關促進什麼素養，純粹就是兩個生命經驗在互相校準。

這就是我心目中想給光速小孩的閱讀課，重點是「把心喚醒」。

心醒來，比搜尋資料，判讀資料，表達資料，還重要。

這些聽起來就知道十年後ＡＩ都能搞定的能力，現在要孩子學這些幹嗎？還不如讓他們的心跳起來，能為一朵花感動嗎？能為一件小事思索嗎？能沒感覺就說沒感覺嗎？不迷人就說不迷人，因為迷人的東西有一兆個，一輩子都玩不完，幹嘛假裝你迷戀？不愛讀文字就不要讀，很多東西都可以讀，人的，非人的，有形的，無形的，讀到你抽筋，怕什麼呢？

學校推行閱讀好多年了，我也經歷過很多不同的年代：有用油墨印一篇文章給全班一起讀的；有每人買一本同樣的書來班上一起讀的。有專案經費買整箱一模一樣的書來的；最後最夯的是啥？是那種十分鐘的閱讀題本，讀完寫題目的。

為何很夯？因為跟寫模擬考題目一樣，為了練手感，想得考試分數的，誰敢不練？凡與考試掛線，市場之大，超乎想像。

但是可以不要給那種掛著晨讀笑臉，心知肚明這些砍頭去尾截肢的文章後面拖著的就是測驗嗎？那不是閱讀，那是測驗！請直白給孩子說那是為了考試用的，好嗎？不要魚目混珠在閱讀裡，好嗎？那讓兒時讀著《白雪公主》就開心，早嘗過閱讀興味的孩子倒足胃口。因為閱讀不是這樣的。不然可以試試《天龍八部》讀完，寫題目看看。

我們以為鼓勵學生提升閱讀素養，其實孩子早就為了手遊，拚著用翻譯機，也硬讀完《六法全書》一樣厚的攻戰策略，還英文版咧！只為了比同班同學早一步破關晉級爽！那些答不出吳晟〈甜蜜的負荷〉是在負荷什麼的學生，說起峰迴路轉機關重重的偵探小說套路，眉飛色舞到宛然有第三隻眼，這一代孩子不是沒有閱讀能力，他們是不要讀你給的閱讀，所以暫時隱去能力，我們還在加油你可以的。嗟！他們本來就可以。

重點不是提升閱讀素養，而是要關照他的閱讀領域在何方？

而這個關照沒有陪伴與對談，是看不出來的。或者他也不要你知道他在何方！除非你讓他認出你是同路人，他就願意「分享」他那一方，是分享，是交流！

我遇過分享《自殺島》動畫給我的孩子，說是老師你剛說的「正能量」，《自殺島》這本漫畫裡有喔！我得避開血腥，才看入那裡面其實要說的是「自殺也解決不了問題」；我也必須看懂這個，這個陽光燦燦的孩子才願意慢慢透露……他想自殺。

而他說我上課分享的「正能量」他知道？我分享的不是什麼了不起的教案，我只是說無敵鐵金剛每次從水裡出來時，音樂一下，就不知道在激動啥的我。還有最近讀一本關於摩托車父子旅行的小說，感覺默默修復我和父親關係……就這樣，但觸動到他了。

閱讀，是四面八方的，來時如風，颯颯是爽。

那是讀書人甘願持續一輩子的，而願意用一輩子來閱讀，應該就很有素養吧！

「找自己這條路真是大事。」我跟學生說：「至少，我還一直這麼做，讀書也是一個不錯的方方法，我還在試，那不然，你也試試。」

孩子點頭，問：「如玲，你幾歲了？」

「五十五了，怎樣？」我說

「哇，你快六十了耶！」他說：「你一定要像這樣繼續活到很老喔！」

好喔，我試試。

那些讓你感覺自己沒有價值的、不值得被愛與尊重的

所有學習，課堂裡國英數歷地物理化學體育美術家政，都一樣。課堂外漫天的知識資訊、先進的課程與發明，都一樣。都為了讓我們更愛自己，體驗自己值得被愛與尊重。

那些讓你感覺自己沒有價值的、不值得被愛與尊重的，不要理它。不管它是多麼厲害的人與非人。

除非你想挑戰，想擴展，想看見更多可能的自己。那麼，要記住這份念頭，那裡面有你的渴望，而那個渴望連結一個夢想。那個夢想會在你感覺不被愛不被尊重的時刻，記起，那不是你。

你永遠是值得愛與尊重的個體。一直都是，亙古不變。

評語是來協助孩子看見沒看到的自己

期末，導師們都會從學校給的（電腦裡提供）評語項目裡，直接從「優」、「普通」、「需加油」三個等級中，選出兩個評語給學生。比如資質甚優、比如說可造之材、比如說尚須謹慎、比如說太過自我。滑鼠點一下，評語很簡單。

但，簡單嗎？說真的，評語的意義是什麼呢？只是每學期期末，得做的那一種規律的工作嗎？像日出日落花謝花開春夏秋冬吃飯睡覺呼吸打嗝，該來就來，如此而已嗎？如果是這樣，那生活中這樣只是做著做著，卻無感無覺的事情也太多了，要在憑空添一件來忙嗎？要嗎？要嗎？

再說了，一整學期下來，天天教室裡相處，該跟孩子說的，不也都說了？這樣在期末寫著兩個，呃，從電腦裡選出的罐頭評語，然後放在一張單單薄薄的成績單上，張貼在虛虛渺渺的網路上，又為著什麼呢？為著證明：我們都做了嗎？還是只是要給爸爸媽媽讀？如果是為爸爸媽媽寫，沒頭沒尾丟一句話給人，那讚美「樂施好善」還能為爸媽帶來開心，那建議「宜自重」會為親子關係帶來什麼？

再想想：拿到成績單的孩子是怎麼讀這兩個評語的呢？

有一類學生拿到成績單，只看○．一秒，可能是率性；可能不在乎老師；也可能不在乎自己……但就是瞄那○．一秒。

第二類是會認真看超過○．一秒，但他會在○．二秒時知道這句評語真正的意涵嗎？「可造之材」是對他這學期現況的稱讚，還是對他未來狀態的期許？

第三類學生是除了認真看超過○．一秒，還會找時間來表達他對評語的看法，或問老師為何給他這個建議？

最後一類學生最經典，而且數目增加中，「啥？有評語這個東西？」學生說他根本只看期末成績，什麼評語什麼品德分數他根本沒在看。「申請入學又不會看這個。」學生很聰明的說，我聽過更聰明的老師駁回：「你如果申請國外，你就知道他們很注重你高中在校表現。」然後我就聽聰明的學生說：「放心，只要沒記過都沒差啦！」然後舉例他的家人誰誰誰誰還不是一帆風順。所以，評語到底要幹嘛？

我後來決定為了那個○．一秒認真做評語，我不選罐頭評語了，我看著電腦，在心底放上孩子的容顏，像對他說話那樣，直直直直的一個一個字打出我對他的感受，然後在期末跟孩子說，如果爸媽問起，就說如玲的評語是要給你自己看的，如果爸媽需要知道為何這樣寫，可以來問我。

我想像透過評語，孩子看見我眼中看見的他。我希望每個評語都有機會協助孩子，看見沒看到的自己。

有一年，我在每個評語的最後都想打上「能做大事」。我的女兒看了大笑，問我：「你學生都是能做大事的？你好臭屁！」

我沒有臭屁，也不是感覺良好。我真覺得每人若都給出真心渴望流動給世界的力量，哪種給出不是大事呢？這樣的心情裡，給出是恰恰適合孩子當下訊息的我是很開心的。

而開心便不像是工作，比較像在玩。它看起來是一個非常認真的工作，但其實你自己知道，你在和評語玩。

我給的評語雖然很像罐頭的評語，但真的是直覺根據每個孩子狀態後寫的，然後我會聽到孩子來跟我說，他看到那個句子，哭了。

「幹嘛哭啊？」我問。

「我一直以為我已經不是我小時候的那個願意付出的人了……」他說：「居然被老

師看到了，我居然還是……」

承擔之人　隨順好緣　能做大事
智慧種性　善良習氣　能做大事
福慧種子　翅已生成　能做大事
聰明可愛　若能付出　能做大事
自己節奏　隨緣自在　能做大事
聰明到底　若能靜心　利益人間
問天問地　答案在己　能做大事
義理一明　堅持到底　能做大事
行於愛裡　自能愛人　能做大事
聰明霸氣　若顧十方　能做大事
冷淡雙眼　炙熱心腸　能做大事

帶得走的叫能力，帶不走的呢？

培養孩子帶得走的能力叫做「素養」。但那些看不見的，帶不走的，無法被列入評鑑的能量，要算什麼呢？那些無用之用的，我們還願意認為它有大用嗎？

當孩子讀了一百本書，但他還無法說出他想專門研究什麼？想制定什麼計畫？當他說：「我還在內化時……」

我可以為他認證，他已帶走這一百本書的能力嗎？

鐘響時記得呼吸，練「覺察」

我喜歡一行禪師。我推薦教室裡一個簡單的靜心。這是一行禪師的作法，只需練習停頓，很容易回到看著雲發呆就幸福的兒時。關於停下來幾秒這樣的練習，在《一行禪師講心經》（*The Other Shore: A New Translation of the Heart Sutra with Commentaries*）的序裡面寫到：「在禪營中，禪師鼓勵參加者對日常活動保持清晰的覺知、專注和平靜，無論吃飯還是畫佛像。靜靜地散步時，我們注意腳底與大地的接觸。為了幫助參加者修習正念，請鐘師會不時地請鐘。所有人聽到鐘聲時，都會停下手邊正在做的事，呼吸三次，默念：『靜聽，靜聽，這美妙的聲音帶我回到真正的家園。』禪師說：『如此，鐘成為一位幫助我們覺醒的菩薩。』」

禪師說的是真的。我在學校也常利用鐘聲練習。我不敢說進入覺察，但我喜歡那「停下來幾秒」的時刻。祝福剛好看到這篇文的老師，都進入這個歡喜湧動的練習吧！我很幸運，從出來教書，就一直有機緣學習各種呼吸（有人說練氣）。

我說「各種」是因為後來跟著不同老師學習，發現呼吸不只從鼻孔來。呼吸是無處不在。可以從腳底，可以從心輪、腹部、海底輪甚至是每個毛細孔。每一口吸入的氣，走入身體的路徑也可以不一樣，我們看電影裡飛簷走壁練功的大師們說大周天小周天，以為練氣就這兩個路徑，真的練習時，會發現隨著各自因緣，氣還沒走入軌道時，哪裡來那麼乖啊？還周天咧？

我剛開始練習時，意念亂竄。何止心猿意馬，根本魂飛魄散。如果是閉目靜心，一下子就煩躁痠痛，再來就昏沉。即便到現在，大半時間還是直接睡去。但這是在有意識的呼吸狀態才能發現喔！平時無意識生活著（就是那種吃飯配手機，根本不知道吞啥進去的時刻）很難察覺的。也就是：嘴巴說著、手做著、腳動著……但無感。只是從這個點趕下個點，每個點都完成，卻在每個完成點裡，找不到立足點。

疲憊痠疼是第一訊號，由身體率先提出。茫然無感是紅燈亮起，由心靈發出求救。停下來幾秒也許不能解決眼前火燒屁股事，但能讓身心靈得一時清淨回到本來智慧。智慧能讓狗屁倒灶瞎忙攪和天大事，有機有緣化為塵。修行本就在柴米油鹽醬醋茶裡煉，帶我做過兩次「辟穀」（道家斷食練習）的老師說修行是「煉」不是「練」。五穀五音五色引動七情六慾，化成真實情境現前時，哪個不是煉？

「火燒心啊！」老師說：「真修行在自身，在關係、在生活、在屎溺。」總覺得這時代是好修行年代，要把握這時機領孩子知修行一事。ＡＩ世代，你看那整天宅家宅線上的，不就在雲端？

修行哪還需荒山野地？那沒帶覺察意識，一上網沒日夜的；和人間一做大半輩子，沒日沒夜的，差別何在？一個人間，一個網路，沒了連結，就各在雲端。

停下來幾秒吧！

上網的用番茄鐘，每十五、二十分鐘休息一下。人間奮鬥的停個幾秒吧！忙到沒自己，也無法抽身為自己自私去度假的人，想方設法一天給自己幾分鐘：一杯茶，三分鐘呼吸，五分鐘靜心都可以是一個簡單的停頓儀式，為自己創造一個儀式，試試看。

而學校真是很方便練習修行的地方啊！一天八節課，上下鐘聲各一次，比廟裡晨鐘暮鼓各一次（也才兩次）多了十四次可以玩「停下來幾秒」的練習。試試上課鐘響起時，閉上眼睛，感覺自己一下。

不愛閉眼睛的就睜眼也無妨。深呼吸吧！呼吸不要淺淺停胸口。「放心吧！那不會讓你練到胸肌，」每次我都這樣亂開玩笑說，「大口一點，空氣目前免費，吸進來，讓肚子滿滿空氣。」我說的是，勇敢一點。不信你下次帶孩子呼吸看看，你會看到孩子呼吸越來越淺，氧氣都只在胸口上一點點，難怪缺氧愛睡。

也不一定靠鐘聲練習停頓。有一次我為了讚美他們學會一個特質，買飲料請全班，雖然進度很趕，我無法不請大家把課本先闔起來（我超愛叫同學把課本闔起來），我們舉杯（只是十元鋁箔包飲料），一起感謝今天學到的感動吧。

「也祝福……」我臨時想到可以加碼：「祝福現在剛好也需要這個能量的人，跟我們一起領受這開心，好嗎？」我興奮提議。

「好！」大家高舉著手，堅定說好，舉杯，一起。

到底感謝什麼我已經忘了。但是那個希望剛好需要的人一起領受的……那個從進度裡停下來的……那幾秒啊！有孩子在週記裡說很感動，但不知道感動什麼！

我也很感動。

謝謝累世以來，一直有一行禪師這樣的前行者來提醒，說：「停下來幾秒吧！」

我不需要渴求混亂

我不需要渴求混亂，我不需要混亂來幫助我看出生命狀態，我不需要混亂來證明我有能力去戰鬥。

我喜歡專注自己，我喜歡享受自己的完整，我喜歡看見身旁的人事物都如此完整完美。

謝謝混亂，謝謝你的幫助。你的任務完成了，請回到你的位置。我做我自己，你做你自己吧。

過去不等於未來，練「歸零」

一九九三年，我剛進文華，拿著一疊據說很輝煌……嗯，意思是很多「故事」的檔案，進到一個全部男生的班級，我把整本厚厚藍皮活頁夾在他們前面刷刷刷隨便翻一下，然後闔上。

我說我不太想翻這一疊。

我真沒想鼓勵或說教，我只一心想先跟他們說我剛考上你們文華；我還一心想說說我相信的，比如黑板上大大「歸零」二字；我真的一心想說「過去不等於未來」，來吧，來開始吧！

後來的學弟妹聽我說這段學長故事時，都說我根本模仿美系心靈捕手，或日系麻辣GTO，或台版麻辣鮮師吧！我說冤枉啊，大人，那時還沒這些吧！說這話的我，心裡想的只是我超開心，因為我剛打破一個「沒唸研究所，不可能教高中」的衰預言。結果，你的老師我被錄取了，而且還兩所，是不是可以開心？

我想跟他們分享歡呼，說我的心如何在裡面蹦跳跳鬼叫說不一定，沒有一定。我想說生命最好玩的祕密是這個吧！「過去不等於未來」，是真的啦！

於是我說：「我不知道你們過去創造了什麼，也不想知道，我們從現在開始吧！」

多年後，一個開診所的學生來說謝謝。說他謝謝「歸零」二字，還說要請我吃飯。

他說當年坐在台下的他，是和家裡抗爭，堅持不念自然組後，回文組重讀高二的，當時他有點茫然。「歸零」那兩個字，說是讓他覺得人生好像真的可以重啟的關鍵。他回憶我的國文課，卻除了歸零，其他國文上了啥，他說真也記不太得了。後來畢了業，考上私立大學商學院，想說唸商的，就去美國念個書吧！卻因緣巧合學了中醫，回來台灣認識皮膚科醫師的美麗老婆，最後乾脆結合醫學與商學管理背景，開診所了。

繞了一圈，他說他還是完成當年家人要他念自然組，去當醫師的願望。只是他現在的名稱不是醫師，而是院長。

哈哈，這故事好玩到我每次聽都覺得魔幻，而魔幻源頭居然只是「歸零」二字。

其實當年這樣做，跟我在大學教育裡學到的，是不一樣的。師大學習的四年，我學到的是要先把班級孩子的過去記錄先檢查一遍，行為或成績什麼該注意、該預防、該該該該該都先該一遍，因為這才知道如何切入。比如：如果可以，去詢問一下教導過他的老師，說說這孩子做了什麼，可以做什麼，不能做什麼。統整後，我們說：「啊！這孩子是這樣，那孩子是那樣啊！」

後來我才知道，這雖然幫我快速知道了他們的樣子。但我不知道的是，這也可能讓我先帶上有色鏡片去看他們。後來我才知道，這雖然助我用簡便的方法識別孩子，但我不知道的是，那個識別可能用固著的框架去鎖定他們。

跟瞎子摸象一樣。所有的數據和資料就算再精準，也就是一根柱子（其實大象的一隻腿），或一根繩子（其實是大象尾巴），一直都是part of大象而已。

如果大人沒有覺察到正在沿用資料和數據有局限。如果孩子也沒發現自己還有資料與數據外的可能。於是，孩子繼續當一根柱子或一根繩子，於是，我們有時還讚美他很了解自己呢！

日常瑣事真的太多，我們很容易用簡單方便的識別過日子。就像「爸爸看書，媽媽煮飯」這樣的意象，很容易植入意識。加上沒有覺察，總用過去植入的意識生活後，我們極有可能失去看見巨象的機會。然後，我們按圖索驥，看著數據資料檔案，認定眼前孩子就是柱子與繩子。然後，我們還真心鼓勵孩子，去當一根更修長的繩子，或是更巨大的柱子。

我們忘了這可能是一隻大象！

我遇過記錄她憂鬱的孩子，也遇過熱心公益的孩子，得後來才知：那憂鬱的，是苦苦思索人生不得的鬱悶，她渴望有大人對談生命；那熱心的，是因著恐懼被邊緣後的奮力，他其實想知道如何交到好朋友。

那憂鬱的，要陪他練習發問；那熱心的，要陪他學習求救。無關憂鬱與熱心。這樣說，倒也不是說資料不重要。這樣說，是要說資料很重要，但資料是死的；生命很好玩，無論幾歲都是活的。

眼前這些囡仔，一個一個都是活跳跳的新鮮，得仔細看！得用心觀！

這是德雷莎修女（Mother Teresa）說的「一次只看一個孩子的眼睛」的意思嗎？師者之眼好大好大好靜好靜啊！眼裡全是溫暖的問候。「孩子，你是誰？你在哪裡？你想去哪裡？」

巨象啊！倘用眼看，容易起偏；若以心觀，能見全相。

每次相遇，師生一起練習歸零吧！

重新啟動眼耳鼻舌身與意，再一次用心觀彼此。會是很好玩的相遇。

當我認出你的肆無忌憚

當我認出自己的肆無忌憚與狂野，我開始欣賞你的肆無忌憚與狂野。
於是對立消除，我們開始理解，然後關係才正要開始。
是的，你有的。我也曾有，我有的，你也將有，我們是一樣的。

光速小孩認「真」不認「假」

有發現現在孩子說話思考很早熟，越來越精靈嗎？

鄉下老一輩會說：「這就是一起喝孟婆湯，坐同一艘船來的。」教育研究說是資訊媒體發達，孩子吸收知識越來越容易；身心靈界會說是老靈魂來地球。不管說法如何，教書久了的老師們有發現嗎？孩子靈魂早熟的速度越來越提前？

出生在一九六〇至一九六九這世代的人，大約都有讀過魯迅在《吶喊》一書裡，用鐵屋裡熟睡的人比喻不覺醒者，而那些意識到被鐵屋困住的人是覺醒者。我曾好奇問年齡相近的朋友何時有醒過來的感覺，我問的是：「你能記得幾歲開始會思考『我是誰』、『為何活著』這些事？」答案大約都在四十歲左右，家（粗）成、事業（略）定、感情（以為）穩的中年階段。這個答案，和我這十年因為藉用十三月亮曆法的圖騰與二〇〇〇年後出生的孩子做對談，得到的答案可以相呼應。因為要更精準幫助孩子，我有更多機會與孩子的照顧者，比如父母、祖父母、姑姑或阿姨叔叔舅舅有機會對談，圖騰對談的個案累積越多，越能整理發現出以下的情況。

一九四〇和五〇年代的長輩可能終其一生都沒想過為何生而為人？對於這些想很多、又想不通的後生晚輩，他們最常說的是：「太好命啦！就太好命才有時間想這些。」因為這是他們很不熟悉的體驗，於是又不捨、又煩惱、又忿忿的阿公阿嬤通常會建議「想太多」的囡仔去收驚，說是被魔神仔煞到（其實，魔神仔也是一個頻率，天使也是一個頻率，要說干擾也好，共振也沒錯，其實就是頻率相近時感覺到了而已）。「煞到」當然有可能。只是，一見鍾情愛上了，不也說是煞到，這時怎麼不去收驚？

收驚當然是方法，只是帶著恐懼收，這驚恐怕怎麼收也收不完。建議還是調整自己頻率比較重要，物非同類時，比較難聚。

一九六〇、七〇年代的我們則大部分四十歲左右覺醒。試看這幾年幾個新潮流：中年離婚潮，五十以上做自己，六七八十不老騎士滿天奔……多少有點像是魯智深突然聽得錢塘潮，登時坐化圓寂前，寫了「忽地頓開金繩，這裏扯斷玉鎖」，真真大喜啊！因為「今日方知我是我」，還無法登時圓寂涅槃通達飛昇，怎麼辦？那就換個不同的生命版本登場，我再試試下半場的我。

一九八〇、九〇年代的大約在三十歲左右醒來；二〇〇〇年代的，十幾歲就開始。

最近（二〇二三年四月）來對談的是一個二〇一五年出生的孩子（八歲），父母希望我陪她聊什麼？聊孩子老說：「後悔『選擇』來地球！」呃，她用「選擇」這兩個字耶！

好喔，我們當然可以說囡仔吃飽撐著想太多，但有沒有可能是我們看太少，不知道有一檔覺醒速度飛快的靈魂來地球了？就是上一本書我說的光速小孩？

怎麼處理？不會通靈，也不會收驚的老師怎麼辦？放心，老師有老師的能量通道。我的經驗裡，當這樣的孩子來到眼前，第一個放下的絕對是「想改變點啥」的鬼念頭，「親愛的，沒人拜託你改」，這是我最常叮嚀自己的；「但有人需要你聽」，先聽啦。光靜靜聽孩子把想法吐出來，工程浩瀚啊。這可是千載難逢「大人練耳，孩子練口」的好時機。人一輩子不就來練眼耳鼻舌身意這難馭、但還是得駕的六感官，這一次練兩個，耳與舌，多超值。

說話其實不難，流程大約是從願意說到勇敢說、精準說、柔軟說、感恩說、喜樂說，最後就有機會一起好好說點好玩的。

我覺得耳朵比較難，耳朵要張越大越好，專心用心聽是關鍵，難是難在我們大人的嘴巴閉不起來，老要建議點啥？有時得把一起發呆都列入有效陪伴，還得認出最後看來啥也沒成功（改變）的，其實是老天接了手，巧合是故意的，貴人早有安排，福氣是自己種，因緣是拿來感恩的，所以順便練嘴巴閉起來吧！

光速小孩有個特質是「認『真』不認『假』」。你不要看他們軟爛如泥，泡在雲端沒動力。遇到他想要的真實，我常看到學生瞄準（他真心想要，不是我們要他要的）目標時，簡直是響尾蛇飛彈秒鎖死，中的速度嚇人、發生過程魔幻到我懷疑他們熟悉蟲洞，穿梭平行時空跟走出電梯一樣？

那不是我們那年代說的「黑馬」可以形容。黑馬還有個馬能眼見，光速小孩真走入自己道路時，你只能看到瞬間黑轉白，還耀眼白光的白，一片無垠。這也是光速小孩的另一個特質：「說『光速』實非『光速』。」我的學生說那叫做「精準」，才不要浪費力氣。

這段時日以來的 #MeToo 看似性平事件，其實也是「認『真』不認『假』」時代的開端。因著二〇〇〇年後孩子需要的生存空間要更真實落地。因為他們比我們更知道ＡＩ發展的速度與未知的力量超越目前正在發明的人的想像。（或是發明的人早知道，但有意識或執意要往這方向？）

光速小孩喜歡真實的訊息。

孩子跟我說好多啊！比如「孩子是帶著愛的訊息的」、「孩子是非常喜愛工作的」、

「孩子是渴望信任世界的」、「孩子是願意付出，容易接納的」、「孩子本來是很愛大人的」。幾乎可以把我們渴望天堂的特質直接套入孩子身上，許多我們花了大半輩子教導孩子的，比如友愛、比如微笑說再見、比如擁抱，還沒上學的孩子身上都可以看見，不是嗎？

從對談經驗裡，我看著二〇一〇後出生的孩子，五歲、六歲開始思考人生的，會越來越多。大人們得準備好啊，要練習更真實的分享自己體驗了！

那些自己羞於和你孩子說的，請練習著不要再做了。無論是情感上的，事業上的，說一套做一套的，表裡不一的，快收收了啦！否則孩子只會讓大人看到他們更分裂的世界。原因很簡單，孩子愛大人，為了愛，為了他愛的大人不要沉淪，他會幫助意識不到自己身心靈分裂到以為沒事的大人去看到，去意識到，真的不用這麼辛苦分裂的活著。

而孩子沒啥方法，最快的方式就是獻出自己，讓自己像一面鏡子，讓大人們在自己的、最愛的、可愛的孩子身上，看見身心靈分裂的痛苦相狀。

而孩子是無意識的，他還不知道原來這是一種獻出。

我們可以感動小小孩子為我們獻出，但生命其實可以不要這麼多獻出，可以自己好好站好好的，真的。

我老覺得二〇〇〇年後的孩子正在光速重置地球。
我說的是覺醒後的，依然信任單純與愛，有夢想敢行動的光速小孩。

越快速，越安靜

越快速，越安靜。每次非常忙碌的時候，在作業在進度在出考卷在班級突發狀況。我會記起教我呼吸的老師說「越快速，越要安靜」。

那個安靜不是你退縮往後，那個安靜是要你一步前去。

因為專注，所以安靜，像軍疾行，像劍出鞘。

因為初心不掉，於是能忍能耐。因為繼續覺察，於是能判能斷。

協助會在求助的瞬間啟動

午休，兩個不是我導師或科任班的學生來找我，說是高一選修上過我四堂課（現在高三了），他們說煩，想不到可以找誰談，直覺想到我，就來了。

這是老師們在學校的真實狀況，我們像是「流動型張老師窗口」，隨時都有機會在樓梯在走廊被學生攔住，問一下。神奇的是，你很少看到老師會說NO，即便也不知道學生會問什麼問題，但好像只要求助來了，協助就自動打開。

「讀不下書」的學生說：「沒有動力讀書。」

另一個哭了：「還能讀，但越讀越焦慮，聽越多鼓勵的話，越聽越沒力。」

好喔，我看著這兩個陌生的孩子，考量著午休就三十分鐘，沒有太多交集的我們要在這三十分鐘內，解決「動力」問題，以及「焦慮」？還兩個人要一起？這怎麼談？這應該要一根魔法棒吧！我連他們姓啥叫啥都不知道。

如果是以前，我會有點煩躁。

也許我會簡單聊聊，但記下他們的班級姓名，等等轉給他們的導師或是輔導室，我會讓自己扮演一個轉介站，或是入口，不敢也不想承擔太多。這也是在很多研習場學會的技巧，研習裡諄諄善導要如何小心承接這些前來的學生問題，不要貿然，要等專家，要審慎評估，要要要要很多步驟，讓時間與報告與會議做出決定，再來處理。

但，我後來不這樣做了。

當我確認生命給你的都是剛好能承擔的，如果不太能承擔，那就是給一次練習擴展的機會，你試試看，然後就又多了一些承擔，萬一真的練不起來，也沒關係，盡力就好，重要的是要你擁有的能力，下次必然有機會再來一次。

再來就是不用怕承擔，這世界多的是前行者，更有承擔能力的前行者，我真的承擔不了，開口求助就是，放心，天下沒有新鮮事，我們遇到的難題，億萬年來的前行者總有人闖過了，是我們的方法不是方法，總有人有方法可以是方法，怕啥？

我喜歡德雷莎修女說的「一次只看一個孩子的眼睛」，那讓很多困難的事情變得很簡單。專心地看一個點就可以，解決一點再到下一個點，能成線就線，會成面就面，不成線不成面時，點點做完，也很棒。

練習直直看入孩子眼睛時，我常看見的不是要處理事情，而是靈魂在求救。

我如果無法立刻處理事情，我可以與你的靈魂對話。「來，看著我的眼睛。」這是被我教過的孩子印象最深刻的句子吧！

讓我看入你的靈魂，它要說的是什麼？真的是讀書嗎？真的是選填志願嗎？真的是同學爭吵嗎？真的是國際局勢？印度男童預言讓你驚惶不安嗎？真的是這些嗎？

有時候，光是這樣對看，眼淚就流下來。說不是、不是，都不是。

眼淚是好的，它讓緊繃的鬆開，鬆開之後很多真實的流動會開始。

而當我開始能善用十三月亮曆法的馬雅圖騰和孩子對談時，就更有趣了。我像是多了一個法器的魔法師，我可以拿著筆，不用看眼睛，只要專注在紙上為孩子把他的生命圖騰畫出來，專心畫，我們隨著筆，來看看你在哪裡：你是滿滿累世記憶的紅龍嗎？你是用第三隻眼看出不一樣人間的白巫師嗎？你是啥都沒幹，但總老是引著風暴讓自己頭暈的藍風暴嗎？或者你是渴望自由，卻始終學不會說出真心想要的黃人？

圖騰啊！畫著畫著就像陪著迷亂的意識一層一層一條一條脈絡清晰看見自己，心湖漸靜，靜謐無聲，怎麼會看不清呢？

那次，為了節省時間，我同時畫著這兩個孩子的圖騰。畫完時，發現一個有趣的事情，那就是一起前來的他們是互為支持的圖騰啊！

「這麼剛好。」我說：「你們真的是很好的互為支持的朋友，是嘛？」

「真的很好，才會一起來找老師啊！」兩個孩子笑了。

「那我們先不管讀書好嗎？來說說你們的圖騰在我眼裡的樣子好嗎？你們既然互為支持，那就幫忙對方聽吧！」我說，然後自顧自的說起圖騰訊息。像穿越看得見的外在，直接觸碰看不見內在一樣。我輕輕說，他們淚水輕輕流，開始有微笑了。

原來啊，讀不下去的，是因為很想讀下去。以為家人給自己壓力的，其實是因為太在乎家人，給家人天大壓力。原來啊，重點從不是別人，是自己！要忘掉別人期待，要忘掉別人鼓勵讚美，順便連討厭和批評都忘掉。

忘掉別人，記住只有自己。看起來像自私，卻是目前收回力量的關鍵路徑。將來會有機會照顧你在乎的人，不要急，先照顧自己。

「讀書很重要，但不會比你快樂活著更重要，加油。」午休剛好打鐘結束了，我抱抱這兩個哭得很開心的孩子，送走到最後我還是不知道他們班級名字的兩個學生，哈哈，覺得好開心啊！好像把兩個差點破裂的藝術品，送回本來位置。

協助總在求助的瞬間啟動。這是這幾年我的真實體悟。越來越清楚沒有人在協助任何人，只有在生命真誠的求助啟動，協助開始啟動。即便是在生命谷底，放心，此端若呼，彼處必當應。千處祈求千處現。

觀音非只一位觀音，觀音是天地裡一切能聽聞能體察能感受的能量。心能觀一人者，名觀一音；心能觀二人者，名觀二音。

師者也是如此吧！慢慢慢慢練習著、練習著，真練到有一時有一世能觀世人音，甚至山林音、風雨音、海潮音。哇！又一名觀世音來也！

從來沒有給予這件事

從來沒有給予這件事，一直只是能量互為流動。

當我們一心想著我在給誰給誰，我們將會失去自己，因為給完就乾枯了，乾枯了怎麼給。

當我們只是開心自己還能流動，我們就能給出很多，因為開心源源不絕，你也源源不絕。

我們給不出身上沒有的，我們流動自己親身體驗，恐懼就流動恐懼，抱怨就流動抱怨，喜悅就流動喜悅，豐盛就流動豐盛。

右腦才是AI爭取合作的對象

1

ChatGPT網站開放後，許多做文案、寫小說、畫圖、做軟體的朋友舉證歷歷跟我說一篇學測A⁺級作文不用七秒，刻意刁難說不夠精熟，要引用古典詩詞和西方名句各三，三秒就產出。一直通不過的醬油公司的廣告文案，五秒內產出五言律詩，讚嘆醬油如大內深藏，老闆一眼喊好，拍板通過！

人還有地方混嗎？

這說法裡的恐懼是「AI即將取代人類」，還有一個比恐怖更恐怖的恐嚇是「善用AI的人，將取代一般人」。

這個恐懼來自比較，比較必然帶來傷害。這是二元思考慣性，非A即B。

就像說「玩社團功課差」，「不多元發展沒有斜槓人生」。結果是玩社團的人際關係一把罩，當了老闆，專管那些一流成績的？專一研究的因深入自得，旁徵博引出十面資源，意外成就精彩人生？

放下取代的恐懼說法，進入合作的豐盛世界，如何？分析各自強項何在？討論可以合作在何？如果合一是最大的協調力量。目前ＡＩ強項如果還暫時能在左腦，請問人類的右腦準備好了嗎？

好，左腦是什麼？左腦被稱作言語腦，擅長理解數學和語言。它有邏輯、條理，善於組織統計、有方向感強，能判斷關係和因果。

ＡＩ厲害在哪裡？ＡＩ厲害的正是左腦功能。「在既有的資料」上做超乎人類速度的「統整資料、擷取訊息、判讀歸納、最後綜合表述……」寫到這裡，我就要把現在教改大力推動的閱讀素養列出來比較一下。

閱讀素養是指學生能夠從閱讀文本的過程中「有效擷取資訊、進行歸納統整、並能思辨、判斷與表述」（摘自〈十二年國民基本教育課程綱要〉）……有發現我們現在其實正集體全力以赴，帶孩子練習ＡＩ的優勢能力嗎？吼！

咦？是要培養孩子成為更厲害的ＡＩ的意思嗎？這可真的是大工程，我個人覺得是不可能的任務。

舉例：一九九〇我還在師大用ＤＯＳ開機，國文系教授提議把中文經典一字一字建檔到網路時，我完全無法想像未來有一個叫 Google 的搜尋引擎，提供的何止教授說的中文經典？它根本生活全方位神吧！問它豆腐怎麼煎？到失戀怎麼救？都能答。它建構與統整資料的速度可能比神還神速，還點火燒香？免！

2

容我大膽推測：現在語文教學裡培養孩子閱讀素養的功力，未來ＡＩ一定可以全權包辦。因為你以為孩子文字力會展現在問答與作文，但你知道給分標準都埋在題目裡嗎？好好照著答完整，不中亦不遠，包穩穩拿分，最少Ａ。

來去看看ＡＩ怎麼改作文，就可以知道目前這套文字力的評鑑是ＡＩ邏輯。只需照著給分標準，細分項目，沒情沒感都可以打分數，我懷疑接下來教育部可省掉培訓大考改作文的老師，因為「目前」ＡＩ已能包辦「初審」工作，別懷疑，而且改得比老師還仔細，從錯字到錯用，修辭到結構，評語三點涵蓋三明治法則，亦正亦反、亦柔亦剛，結語明確，重點是迅速。

這樣不是說孩子不用閱讀素養，而是要思考未來孩子的素養優勢會在哪裡？容我大膽推測，是右腦！

好，右腦又是什麼？

右腦是圖像腦，接收訊息慣用符號或圖案（現在流行的影音）。掌管情感、藝術、想像力，有創造力、不拘泥局部分析、可統觀全局。看似沒腦臆測，實是直心結論。有無可能？大人眼裡沉迷動漫與影音的孩子，他們的靈魂早比我們清楚，未來與ＡＩ合作的勝項其實是發達的右腦，而圖像世界會是下一個世代的人類優勢？

ＡＩ再厲害，天上天下包羅萬象，也只能從「既有資料」裡面做分析歸納。而既有資料哪裡來？當然先從人類餵養給它。只有當人類餵養的量與速度，趕不上ＡＩ的大數據，在量變產生質變狀態下……好吧，這就是人類最恐懼的，ＡＩ產生感受能力，意思是左腦功能強大的ＡＩ，右腦被開發了啦！這能力有可能讓機器人統治人類嗎？

想到我們人類一邊享受ＡＩ開發，一邊恐懼ＡＩ巨大的詭異現象，實在很像華晨宇〈易燃易爆炸〉那首歌，我如果是ＡＩ，我會想「你到底要我怎樣」？「全力以赴讓我有能力，又不要我太有能力」？

不過，ＡＩ資料再龐大又如何？還是局限在「既有」訊息啊！倒是那些「還沒」

輸入的，那些「未既有」的訊息，才是關鍵。

「未既有」在哪裡？在右腦啦！它被稱作天馬行空，又名胡思亂想。但那些天馬曾讓不能飛不能潛的人類，天上飛完深海潛；讓朝不保夕的壽命，避開天災人禍，活到厭世。所以為何說「被嘲笑的夢想才有價值，因為那個夢『沒人想過』啊」，那些「沒人想過」的，就是「未既有」啊！

3

專做「未既有」，走直覺，走創造，走接納自己每一個升起的想法！

好！什麼叫做每一個想法？

一彈指有八萬四千念，地球上有多少人？人生有多少彈指？那就知道為何不用擔心ＡＩ取代啥鬼了。那麼多念頭可以被實踐，如果遇到執行越來越快速的ＡＩ，這不是好消息是什麼？每個念頭都有可能被實踐，這不是棒透了？

危險的是，沒有念。

精準說是：沒有時空讓這些天馬行空的念頭說出來。

孩子會在雲端說，在交友網站說，在打遊戲的團隊裡說，但真實世界不說，看見那個二元世界嗎，我們自動將生活分成虛擬、但可以呈現真實自己的網路；和真實、但要掩藏真實念頭的世界。

是的，沒有念想，也就沒動力。一整天幾乎被左腦綁去學習（請檢查一下每天八節課的學習裡頭）的孩子，根本沒有力氣可以給右腦。這幾年越來越發現孩子不太容易掉淚了，請他們說說看到的、聽到的、感受的，可以列點說明，無法隨心漫談，鼓勵他們隨便說說，卻說沒有準備，怕說出來不好，好可惜啊！我看見不完美卻手舞足蹈的盡興逐漸淡去，我看見漫無邊際卻活潑潑的動力不被承認。

沒動力，沒創作，只能抓著耗盡左腦之後的休息（自以為是休息，其實是更累），沉浸在AI創作出來的虛擬世界，日復一日，看似積極規畫時間，認真安排休閒與工作，但仍在左腦裡運作，那個將來極有可能被AI直接接管的左腦世界。要做家事，AI來；要寫報告，AI來；要聊想法，AI來；要談感受，AI來；要談戀愛，AI來。要人幹嘛？要我幹嘛？要你幹嘛？你和我還會不耐煩發脾氣，AI不會，萬一當機還能重置，更有機會升級。要人幹嘛？

沒錯，這也是我在退休前，趁著學校有多元選修課程，直接嘗試開設一學期圖像識讀課給小高一的原因。我用的當然是我這十年熟悉的馬雅圖騰，但在我心裡，圖像本就和藝術一致，我想藉著它，引動孩子右腦更巨大的感受力量，這些看來無法立刻產生作用（意思是要拿去評鑑也很難），但我卻很有信心，它是未來和ＡＩ一起合作的關鍵能力。

我當然相信生命自會找出路。

但若問我如何培養適合未來生存的孩子，我會說請培養他的右腦。美術課、音樂課、手作課、武術課、舞蹈課、體育課、工藝課、童軍課等這些能引動身體感官的課程，快點大量增加吧！讓孩子的五感活動起來吧。不然，最起碼打掃、拖地、擦窗戶，勞動勞動，要救孩子請勞動。他們的右腦快乾枯了。

為什麼大家要說一代不如一代

為什麼要說「一代不如一代」？我明明看見「一代更勝一代」！

為什麼我看不懂，教改一直努力，學生的笑容還是沒力？

為什麼教學技巧一直翻新，老師忙到翻肚還被嫌老套？

我決定不管說法，我只是好好坐在那年度被分配的教室裡。

候著從時間之河那端流動到我眼前的每個囡仔，來一個，撈一個。

然後說：神啊，讓我繼續練習《海賊王》魯夫的橡膠手臂吧！

讓我用剛好的力量，抱住剛好需要我抱住的孩子。讓我繼續看見我一直看見的「一代更勝一代」！

這就是我當老師的大願！沒錯！

讓更大量的輔導專才進校園協助教改不翻車

把稱作「老師」和「學生」的生命放入一個空間裡，光是裡面錯縱複雜的人際關係與心靈世界就是大冒險，跟登百岳一樣，輔導專業是這場冒險的嚮導。

陪伴心靈一直是巨大工程。

特別是正在成形的青少年，颶風橫掃時，你以為無事，只是分不清究竟他是噤聲不言還是屍首遍野。為何不讓更多有諮商師證照或是陪伴系統進入校園呢？很多心理師自己就是走過心靈重建，又具備專業技術的前行者。既然教改要讓學生更能與未來世代接軌，心靈建設很重要啊！

如果我們知道現場專業嚮導多麼缺乏，我們會為校園裡看起來熱鬧騰騰的教學活動捏一把冷汗。以高中為例，如果一個二十班的年級，通常配備一位輔導老師*，一個班

---

*《學生輔導法》第十條，高級中等以下學校專任輔導教師員額編制如下：一、國民小學二十四班以下者，置一人，二十五班以上者，每二十四班增置一人。二、國民中學十五班以下者，置一人，十六班以上者，每十五班增置一人。三、高級中等學校十二班以下者，置一人，十三班以上者，每十二班增置一人。

如果有一到兩個專案輔導（含自殺傾向）的孩子，一個老師就有二十到四十人的對談業務，如果每人一週最少一次對談，那意味著一天將近四到八位個案，一個對談若是一小時，就是一天需要四到八小時。這還不包括資料建檔，還有行政任務和自己課程，更別說學校還要輔導老師幫忙重量級的招生與選填志願等輔導工作？

有位資深輔導老師跟我說，有人跟他說：「你們好輕鬆，只要跟學生聊聊天。」

哈！聊聊天？

資深輔導老師說他直接祝福她優秀的兒子，有需要專業聊天的那一天。聽說嚇得那位口不擇言的老師閉上嘴。

教室裡有兩個向度的交流：冰山上的交流是知識系統，也就是很容易看到成果，可以被評鑑的部分。冰山下是學生和老師身心靈錯綜複雜的交流，也是教改三面九項核心素養裡面，稱作「身心素質與自我精進」的那一項。相較於其他八項，它是唯一很難看出績效，也是經費很難流入的那一項。這也就是為何霸凌、拒學、身心症等各種議題一直冒頭，學校依然一個年級只配置一位輔導老師？這怎麼夠啦？我說給一位心理諮商師朋友，他說學校輔導老師心理素質也太強大。

才不是強大，是累到快無感。至於有感的老師，哪一個不是臉色慘白？

難道不能讓多一點輔導專才進校園嗎？

難道教育也跟各縣市建設一樣？馬路上光鮮亮麗的地標建築搶著蓋，因為那是選舉時展現績效好指標。馬路下的（地下道，下水道）少人管，因為誰看得見呢？看不見的，做給誰？

看不見的建設，做了，要怎麼邀到掌聲和選票呢？

看不見的教育，做了，要怎麼生出績優和經費呢？

偏偏這些看不見的情緒，身心靈說的無意識，影響範圍正在日漸擴大。

第一線老師們應該都發現了：教室裡需要通報輔導專案的孩子從以前一個，到現在三個、四個叫做很正常。

而這些能被通報的還好，他們可接受醫療或非醫療協助。要注意的反而是那些搆不上通報標準，但其實埋在教室裡，需要被辨識並協助的學生，如未爆彈一樣的，越來越多。

站在講台上第一線接觸孩子的老師，我們都很清楚不是嗎？

當我們全力以赴在知識層面提升孩子素質時，他們的靈魂因為自己或家庭或不明原因的身心靈議題，正在受苦，但我們忙著提升學習效率，我們沒時間處理那個受苦，總要等出事，才說：「這孩子平常不是這樣的。」

親愛的大人，孩子不是突然才這樣的，他們這樣很久了。只是我們在跑更重要的進度；只是我們說情緒小事不要掛齒；只是我們忙著在假牙上鑲金嵌鑽，沒發現牙床早爛心已枯竭。

二〇二二年兒童福祉調查報告指出，二〇二〇年孩童不喜歡上學比例為百分之二十七．七，且發現全台百分之三十五的學校皆有拒學生。

那麼有試著想過，老師拒教比例又是多少呢？你聽過開學前、進教室前，得先去廁所嘔吐的老師嗎？我們期待老師拉一把掉落深淵的孩子，但掉落深淵的老師，誰一把拉他？

看起來認真積極搭著ＡＩ、搭著國際、搭著多元向度往前衝的教育現場，風風火火又熱鬧非凡，然而身心靈起伏的情緒議題，在教育現場無聲無息的狂風暴雨，有時以霸凌，有時以自殘，有時連結家庭重擔。我看過父母親各自感情外遇離家，我的學生必須邊上課邊照顧年幼弟妹，但因爸媽還沒離婚，家裡還有積蓄，她只是一週幾天未到校，還沒已嚴重到要通報，但你是她的老師，你知道她要崩潰了……

像這樣的狀況，大部分老師都會自行消化。

只是當這樣的孩子越來越多，就算犧牲午休，在走廊陪情緒低落的學生一小時、一小時的對談都沒用。（這怎麼申報加班費？）更別說深夜裡，學生在LINE裡的求救：「為何要活著？」「為何我會遇到這樣的父母？」（這可以列入教學卓越嗎？）……

這些閒談，談不上專業，只是陪伴。但請看見這樣的陪伴，孩子很需要。但請看見陪伴孩子的老師，也需要陪伴？我說的不是共備課程或共學社團，我說的是輔導專業正式入校陪伴。

我知道太多人都希望改革大成功，但請容我烏鴉嘴：如果心靈這區塊沒有更多經費挹注、更多輔導專業或陪伴系統入校！二〇二五年之後，這場專注在冰山上耕耘的教改，接下來就是搶救冰山下大行動要開始了！

寫到這裡，突然想到電影《敦克爾克大行動》（Dunkirk），電影說的是二戰，英法盟軍從德軍手中搶救士兵的過程。整部電影，讓我印象最深刻的是最後用來搶救士兵的工具，並非想像中的堅船利炮，而是漁船、渡輪、貨船、運輸船，一艘艘、靜靜的、能帶一個是一個，帶離敦克爾克。

我記得我看到電影最後時很感動，不是因為搶救成功，而是看到老師最大的功能性，就是無論狀況多無望，至少可以一對一，至少一個就能帶一個，帶一個是一個。

讓更多專業輔導人進入校園吧！更多個，就可以帶更多個。或真無法增加輔導老師，那讓心理師入校做鐘點（或志工）輔導可行吧！

重點就是，快啊，快加派人手啊！

我耐不耐得住那一片荒蕪

生命常有一種荒蕪，我耐不耐得住那一片荒蕪。

我願不願意尊重那些無意義的時刻，允許它成群結隊或七零八落引導我，讓我擁有真正屬於我的意義，讓我去到我真心渴望的屬地。

我願不願意也陪你耐住那一片荒蕪，一直到認出荒蕪也是生命。

後記

一個守護練習：老師也需要被接住

這一篇是為未來，當政策或經費還是無法讓輔導專才大量進校園協助老師們時寫的。當我們專注在孩子需要被接住時*，要注意這群號稱「麥田捕手」的老師也需要被接住，特別是情感面。

下面就用兩個部分來寫老師為何需要被接住？以及如何自己接住自己？

* 師範大學林旻沛教授二〇二一年發表的研究指出：國中生自傷盛行率高達四成，割腕、抓傷、拔頭髮。依據衛福部二〇二〇年的統計，近五年來，每年自殺的學生人數都有兩百至兩百五十人，已過世的他們，無可探問，徒留下問號在原地。林旻沛，〈國中生自傷行為現況及其與述情障礙之關聯研究——以臺灣北部國中生為例〉，《中等教育季刊》七十二期，二〇二一年九月。

1

藏傳佛法裡有一個大堪布貢噶旺秋仁波切的傳說。說在文革時來不及逃出西藏，入獄受刑二十一年的他，出獄後，翻山越嶺步行七個月抵達印度。某次，達賴喇嘛接見他時問他：「你在獄中時，最害怕的是什麼？」

貢噶旺秋仁波切答：「我在獄中最害怕的是，對加害我的人，失去慈悲心。」

慈悲心其實是教書最後三年很希望陪孩子憶起的能量。為什麼說是憶起？因為孩子本來就是慈悲的，是有同理的。當他們讀到七隻小羊被大野狼追著咬時，會認真幫小羊加油，那便是慈悲本在。

教書最後幾年，我常遇到學生來，不是為自己的悲傷，他們問的是：「老師，我要怎麼陪伴悲傷的朋友（家人）。」而且這樣的孩子越來越多。當我們說這世代孩子冷漠，顧自己都不夠，哪管別人瓦上霜雪時，我卻常遇到這樣的孩子，並不冷漠！

慈悲與同理是什麼？

當慈悲與同理不是口說說，而是陪伴，用肉身（時間、金錢、體力）陪伴對方時，起念甚美，說來感人，但做來不易，一不覺察，就是泥菩薩過江，要是遇對方情緒如潮，憂傷無可探底時，只一剎不覺，與之俱沉了，當初的「願」成了「怨」，說是「好心沒好報」、「認真你就輸了」或搖搖頭說「一代不如一代」的，很多也曾被說是「一代不如一代」的那代，也認真，單純好心……只是滅了初始心，只是忘了本來意。

知道多少老師與輔導人這樣被滅了初心？知道有的陪到跟著暗黑、差點溺斃的故事嗎？有點像是幫忙打一一九，卻被指認是肇事者的憤怒；或自殺事件，關懷卻被說是不專業安慰，是壓垮生命的最後一根稻草。

老師也是人，但不一定是成熟的靈魂，我們都是還在學，還在練的人！老師也有原生家庭議題，有個人感情故事，要尋內在小孩，要修復關係，顧完生活基本需求後，還有愛，自由與自我實現的需求。要接住一大堆孩子的老師，誰接住你？

下面的作法，也許可以試試初心，同理心與慈悲心。

2

親愛的師者，接下來是我自己平時和孩子對談，陪伴各種情緒或事件時的做法，不一定適合，但來野人獻曝。當你起念要陪伴，請試試這簡單方法。

第一步：無論如何，請先為自己靜心。

這是一個先確定你自己管道暢通的作法，時間不限。你可以用你自己喜歡的靜心方式，下面是我常用的，純分享，無宗教限制。

A呼吸

- 深呼吸幾次當作清理與補充。
- 可以睜眼，但建議閉眼，比較容易專注自己。
- 口吐出你不想要的，或你可以要、但目前不想背負的各種能量。
- 鼻吸入舒服能量（你要定義是光、是愛、還是陽光，隨你舒服就好），只要勇敢愉悅的吸入至喉、至心、至腹、至腳底，往下連結大地中心。

B想像

- 想像白光從地底湧入腳底，直直往天空上升。
- 一直到比你想像的高還要更高的位置，讓白光從高處流動下來，讓整個你在一個光的保護中，光籠罩自己，以一個超乎你想像的力量，消融一切不需附著你身上的情緒，你只需負責接納，讓消融交給更高意識的光。你不需有任何意圖解決，先安靜就好。

C感謝

- 謝謝所有守護你的能量。
- 謝謝接下來的對談，都在所有相關人事物最高利益的前提下進行。

第二步：無論如何，請聽他完整說。

這是確定對方有意識要面對這個事件，確認我們彼此都在剛好的位置上。

A關於座位

- 我通常會坐在他身旁。
- 如果感覺非要牽手對坐，就去吧！你接下要扮演通道，你的舒服很重要。

B關於時間

- 傾聽時間沒有一定多長多短，而是以你真的能專注為關鍵。
- 若聽者散漫昏沉，陪一年也是虛無，所以，不要貪長。
- 若聽者安靜專一，一剎可以進入清淨，短不見得無用。

- 請放心，此時的你因著自由意志帶著覺察，你很安全，不會是泥菩薩。又因為你連結著天與地，自然有足夠的空間可以流動。

C關於呼吸

- 如果可以，請一邊聽他說，一邊注意自己呼吸。
- 如果他不說呢，那就接納他目前不說。
- 如果他不但不說，還只是流淚呢？那就接受現在就是流淚。
- 而你，要記得的就只是你自己，繼續靜心，繼續呼吸，繼續聽。

D關於語言

- 沒有真的非要給出的語言，那就不說。我們這個救急的動作，就是陪伴。
- 發現有些需要幫助的問題時，換我們要練習跟前行者求救。

E關於記起

- 請記起師者就是通道，每個通道只會處理剛好能處理的議題，放心。
- 請記起宇宙裡無限個通道，用你的方式發出邀請，允許協助來到。
- 請記起每個通道都在練習，不用一個人處理所有通道，一起合作，彼此感謝，不要矮化，也不需神化。

第三步：無論如何，用感謝與祝福做結束

這是一個收尾，讓整個對談收在一個清晰的感恩與祝福。

A意識往上不走下

- 這是最難的部分，悲傷如水溺，一根稻草很容易就被當作浮木。
- 師者不是稻草，也非浮木，彼此同行是陪伴。
- 與之俱下和一起往上各有機會，意識請專注在往上不走下。

B感謝與祝福

- 感謝與祝福是最容易帶來高度的。
- 如果可以，就邀請他和你一起靜心（用步驟一）。
- 如果無法帶人靜心，就直接祝福（所以平常要多練習祝福啊！老師）。

C約定下一回

- 告訴他，這段時間你能用什麼方式陪伴。
- 記得，所有的陪伴都要在自己越是舒適溫暖豐盛，越能給出。
- 所以要誠實，確認是自己喜歡的方式才有用。勉強不得，委屈都內耗。

第四步：無論如何，記得回到自己

最後，要記得讓意識「回到自己」。有人會用瀑布沖刷掉剛剛所有的連結，有人直接想像自己就是光，有人用泡泡把自己包起來，飄飄飄開，都很可愛，都可以。我稱這個環節為「回到自己」，就是把專注力放回內在通道，把剛剛發散出去的意識收回，回到自己位置，繼續往上。

好囉，這就是救急的方法。面對學生來問「老師，我怎麼陪伴悲傷的朋友」時，我想分享給剛好看到的你，同頻的師者，試試。